盧荷生著

圖書文獻叢刊

# 中國圖書館事業史

文史哲出版社印行

圖書文獻叢刊

# 中國圖書館事業史

著　者：盧　荷　生
出版者：文　史　哲　出　版　社
登記證字號：行政院新聞局版臺業字〇七五五號
發行所：文　史　哲　出　版　社
印刷者：文　史　哲　出　版　社
臺北市羅斯福路一段七十二巷四號
郵撥〇五一二八八一二彭正雄帳戶
電話：三　五　一　一　〇　二　八
實價新台幣三六〇元
中華民國七十五年四月初版

# 藍序

一份工作，或是一樁事業的成功，必須具備三個條件：一爲知識，二爲能力，三爲專注。乾章生性魯鈍，執著於圖書館事業，幾近半個世紀；回首前程，深信上述三個條件，實爲事業成功不可或缺。此三者，究應如何求取，以臻成功之途，謹略陳己意，俾供有志於我國圖書館事業如本書撰人盧君者，相互切磋砥礪。

首先解說第一個條件——知識。古語謂「求學如逆水行舟，不進則退。」又古諺云：「活到老，學到老。」這雖是鼓勵人們上進的話，但從知識論的本質上探究——乾章深自信服美國圖書館學泰斗席拉（Jesse H. Shera）所揭櫫的社會知識論（Social epistemology），席拉教授強調圖書館的從業員，應洞悉社會大衆所需的知識，卽以之反映到書刊的選擇上，然後館方所提供給讀者的資訊（或讀物），當能因應公衆所渴求。席拉教授指引了圖書館經營的一個方針，但是站在圖書館學的基本立場，我們要求一位矢志圖書館事業的工作者，必須同時具備通識各種科學的知識，加上圖書館學專業的知識——其實任何專業活動都須具備這兩方面的知識。益有進者，吾人於決定從事圖書館事業之際，自須首先研習若干專門科目，以備日後就業能以之運用於諸多疑難中，惟疑難之紓解，尚須吾人日常披閱書刊，誠如上文所謂「求學如逆水行舟，不進則退」，信不誣矣。揆諸圖書館學，近半世紀以來，各種科學突飛猛進，新的學說，層出不窮，而各科文獻的刊行，已臻氾濫之境，不僅學者專家未能遍覽，我圖書館工作人員，也深以資料充斥，未能卽時整理應用爲苦。盧君於其末章「中國圖書館事業的特點」中所述第二個特點：旨在濟世，有謂：「學問爲濟世之本」，以觀現時我國圖書館的經營，似已脫節，故切盼我圖書館工作同仁千萬不可忽視這一項神聖的使命，乾章也確信圖書館的活動，一定可以建立一個完整的人格，使其成爲一位公民。本此，盧君撰述本書的宗旨，當是鑑古知今，追溯我歷代圖書館事業，無一不是本著濟世的理念去經營的。

其次，「能力」當是事業成功的另一條件。圖書館對於資訊的處理，已由保存、整理和利用推廣到「資源共享」的境地，若要達成此一目的，只憑一己所具備的圖書館學知識是不够的，必須使圖書館工作人員有能力去從事推行「共享」的工作。但是話又說回來，有些人是生來懶散，僅能獨善其身，若要他去影響別人，殊不可能。不過，圖書館工作人員中若有人如此，不妨分配一些純學術或技術性的工作，如此他不致感覺無能力與他人相處，我們可以用其所長，將他探究所得的學術與技術交由一位具有推動能力的人去執行，因爲一切學術或技術性的活動，決非獨力可以圓滿達成的。然而，圖書館事業終究還是不能「疏諸羣衆」（荷生語）的，以前有一位美國來臺工作的同道於用人之際曾謂「一位好的圖書館員不僅要喜愛書，他更應該喜愛人。」可圖書館工作基本上是要求工作人員有能力充實自己以外，還須協助他人的。我們可以斷言：如果一位圖書館員不能將「求知和求眞」的理念推及讀者，他乃是一位失敗的館員。以之推及圖書館事業，也是失敗的，這是荷生君撰寫本書的另一宗旨——不可疏離社會大衆。

第三，專注，也就是所謂的「專業精神」。一個人做事若不能專注，但求無過，豈不形同混日子過活，對於事業的成敗，漠不關心，實爲敎育的浪費！「鍥而不捨」的箴言乃是成功的唯一條件。再從倫理的觀點來說，專注卽是職業道德，當然就是專業精神。歐洲中古時期僧院中抄寫經典的工作人員那種遁世而努力於繕抄古典著述的刻板生活，終能保存歐洲傳統學術思想於不墜，方得延續歐洲的文化傳統。足見專注的可貴和偉大，我國歷代建國每於局勢底定以後，君王諭令全國臣民獻書，並派定學者編校圖書，一以敎民耕讀，一以振興學術。此種延續民族思想的措施，歷兩千年而不輟，要皆繫於歷代讀書人的執著也。

荷生君近五年來與余日夕相處，常嘆國人迄今尙乏完整之圖書館史著述，因於課程中開設「中國圖書館史」一科，由荷生主講。經數年耕耘爬梳，荷生終能整理成書，不勝雀躍，蓋此亦我同道之宿願也。書成卽將刊行，特綴數語，以誌欽仰感謝之忱。

藍乾章謹識於輔仁大學圖書館學系時民國七十五年三月。

# 中國圖書館事業史　目次

# 書前綴語

圖書館經營，是一種技術；圖書館學研究，是一種學術；圖書館發展，則是一種事業。我們透過圖書館學術的研究，改善圖書館經營的技術，最終的目的，則是在求得圖書館事業的圓滿發展。因此，我們可以說，圖書館事業發展的成就，是學術、技術、加上館員們的心智，以及客觀條件的良好配合所得的總和。

本書定名為「中國圖書館事業史」，原因是由於內容著重在探討歷代以來經營圖書館，前人所投注的心力，所採取的態度，工作的方式，處理的過程，如何造成他們的成就，又由於如何的缺失，而使得圖書館事業的發展不夠圓滿。時代雖然已經不同，環境亦疊遭改變，但是圖書館事業成敗的內涵因素，則應該是相近似的。所以，我們也因此想藉著圖書館事業史的研究，而獲致相當的瞭解，以便於尋求或者創造一些有利的條件，促進當今圖書館事業的發展。

我國的圖書館事業，近年來由於政府的大力支援，圖書館員的辛勤努力，社會各界的逐漸瞭解，正蓬勃地邁入新的發展里程，圖書館也正準備為社會進步、國家建設、貢獻一份力量。在這一過程之中，我們努力充實了各種圖書館發展的條件，也引進了很多國外的經營新技術，使得圖書館的功能發揮日新月異，當然同時也增加了一份對未來的熱切期待。對日後的光明遠景，莫不翹首以待。可是，我們在努力以赴之時，也不免有圖書館事業較難落實生根的感受，因爲目前確實面臨不少困難，必須善謀對策。爲此，我們如能從圖書館事業史的研究之中，獲得若干啓示，未始不能對當前的圖書館事業有所助益。我們也深深知道，我國過去的圖書館，和現在的圖書館，有很多不能相提並論之處。因爲不同時代的圖書館，扮演著不同的社會角色，肩負不同的時代任務，本來就不該放在同一層次上來作比較的。然而，我們卻堅決相信，服務的對象，容有不同；服務的範圍，雖有所異；服務的內容，亦有差別；服務的方式，尤多翻新；但是促成他們成功經營的因素，對我們今日來說，應該仍有其參考的價值。舉例來說，歷史上有不少從事圖書館事業的人，秉持著無限的熱誠，投入得那麼專注，對任務的深刻體認，那份捨我其誰的期許，殫思竭慮地計謀策劃，創造了很多動人的故事，都自然地讓我們覺得：圖書館事業的發展，有一些條件，如館舍、館藏、經費、人員、以及一切新穎的技術等等，固然不可以缺少。不過我們也深深領會到，有些內在的精神與理念，正是這些條件發揮功能的導引，像航行中的指南針一樣，也是不可或缺的。彼此之間，要是能互相激盪，相輔相成，所有條件都在理念的融和下充份發揮效能，而工作的理念也在這些良好條件的運作下逐步實現，圖書館事業便會很順暢地向前推進。本書的內容，沒有對歷代的圖書館作詳細的描述，而比較偏重事業成就的比較分析，也就是基於這一觀點。至於各朝的私人藏書，歷代以來也多有成就，有時甚至不下於宮廷書藏，可是他們的發展，在當時來說，似乎還不宜視為圖書館事業的一部份，故亦從略，容日後再詳加論述。

# 研究圖書館史之旨趣

在圖書館學的範疇裏，常爲大家所冷落的，恐怕要首推圖書館史了。因爲，當今圖書館的發展，由於工作環境的改變，例如知識爆炸，隨之而來的，是資料的數量驟增，類型複雜，使得圖書館在資料的選擇與整理上，都必須採取若干新的應變措施。再如社會結構不同了，圖書館服務對象，也和過去的不一樣，他們的需要，無論在內容方面，或者提供服務的方式上，都產生了新的狀況，圖書館也必得面對這種情勢，革新工作的觀念與態度，方能建立與維持讀者對圖書館的信任。還有一些新發明的科學技術，被應用到圖書館的工作上以後，更引起圖書館經營的一次大革命，造成極大的影響力量。因此，目前的圖書館員，莫不殫思竭慮，謀所以共創新猷。在這種面臨不斷的挑戰，大有應接不暇之感的時候，還要大家去回顧過去，研究圖書館史，也許會令人覺得非當務之急，站在輕重緩急的考慮立場，姑且置諸一旁，應該無可非議。不過，這就牽涉到研究圖書館史的目的了，如果眞的只限於對過去圖書館發展經過的瞭解，那就是無補於當今的圖書館事業了。因爲我們把古今中外圖書館設置與管理的情形，都搞得很清楚，也只能像「講古」般述說過去的一切，並不能幫助現在圖書館解決問題，這樣當然缺少實際可用的效益。但是，可以得之於圖書館史的，應該不止於此，換句話說，我們研究圖書館史，如果自限於瞭解事實眞相的層次，不能從其中抽繹出若干原理原則來，的確是僅係一種回顧，而毫無前瞻的功能。事實上，我們可以從圖書館史中得到很多的啓示，不但幫助我們瞭解造成今日圖書館經營困境的原因，而且可以暗示大家突破瓶頸，創造光明遠景的途徑。圖書館經營成功的因素，有些是必須要採用的技術，有些是一定要堅持的原則。技術有時會因時制宜，而有不斷的改進；原則卻是常須具備，還不大會改變的。我們藉著對史實的瞭解，去分析一所圖書館能夠圓滿達成任務，應該要有那些條件，再回頭看看未盡理想的圖書館，它們又到底缺少些甚麼，有時外表上看得見的條件，好像都已齊全，但是仍舊發展得不夠理想，是不是由於有些內在的，不易察覺的因素，我們需要如何克服？甚至有的是圖書館本身也無能爲力的，又如何經由別的管道加以輔導？總之，圖書館史的內容十分豐富，世界上先後不知道出現過多少所圖書館，各有其不同的設置背景，工作環境，經營方針，以及服務措施等等，仔細分析，我們一定可以理出一個頭緒來，作爲自己經營圖書館的參考。依照我個人的意見，研究圖書館史，至少可以得到幾方面的成就：瞭解過去圖書館發展的經過，分析過去圖書館成功的原因，比較圖書館發展的差異，以及研究圖書館發展的途徑等等。個人近兩年來曾對中國圖書館史略作探討，願就上述各點加以印證與說明。

**就瞭解過去圖書館發展的經過而言**，是研究圖書館史首要的目的，也是基本的要求。我們如果想從研究圖書館史中有所得，當然首先要瞭解過去，知道最早的圖書館成立於何時？最早成立的圖書館屬於何種類型？後來又成立了那些圖書館？他們在圖書館經營上有那些特點？又有那些成就？如果不澈底瞭解這些，而想經由圖書館史得知更多其他的訊息，是不可能的。所以史學的研究，往往都從考據著手，希望藉著考據，瞭解史實的眞相，這是進一步研究的基礎。圖書館史的探討，當然不會例外。我們自然也會從中國圖書館史的研究之中，找出我們祖先曾經如何經營圖書館事業。

**一、我國最早的圖書館，至少遠在商代便已成立**，甚至可能更早（註一）。因爲商代遺址中所發現的「窖」其中有一部份就是典藏資料的場所，也就是當時的圖書館了。而且從甲骨文的內容來看，多是與邦國大政有關的記載，更可見當時政府對這批資料的重視。其實，這只是目前所知道最早的圖書館而已，我們有理由相信還有更早的圖書館，可惜迄無發現。因爲圖書館的出現，需要兩個先決條件：有文字紀錄的資料和先民保存觀念的形成。圖書館是典藏資料的所在，如無文字資料，當然說不上圖書館。而我們從甲骨文結構十分完美來說，可以證明已是一種相當進步的文字，必有一段長久的演變過程，照說這其間應該也會有一批文字資料，當然可能有貯藏的所在—圖書館了。至於先民的保存觀念，是人類文化進步的基本動力，能夠把祖先的知識和經驗保存下來，便可以逐漸累積而臻於文明的境界，在商代的文化已很進步，保存的觀念定已形成，更可推證在商代以前，可能早已有了圖書館的存在。我們只有期待未來考古發掘中能夠得到證據。

**二、到了周代，成立了很多圖書館**，如以今日圖書館學的眼光來說，都屬於「專門圖書館」

類型，附設在各種不同職權的政府機構之中（註二）。當時的「五史」，也就是大史、小史、內史、外史和御史，都是主要的書藏所在，是蒐藏相當豐富的圖書館。但由於所附屬的政府機構，各有不同的職守，以致收藏的內容，也有很多的差異。例如大史的職務，按周禮注疏卷十七，爲「讀禮書，祭之日，執書以次位常，是禮事及鬼神之事也」。是大史所藏，多爲禮書，因爲他們在執禮之時，必須有足夠的參考資料，而這些資料自然以與禮有關的爲主。老子曾爲周守藏室之史（註三），殆卽爲大史之職。孔子曾問「禮」於老聃，是老子必然熟悉當代的「禮」，韓宣子觀書於魯大史氏，說「周禮盡在此矣」，都證明了無論在王室或者諸侯國裏，大史都是執禮協事的官員，他們的書藏，也自然地都集中在「禮」的範疇裏。這正和目前的專門圖書館性質完全相同，而毫無二致。其他如內史、外史和御史，也都一樣，各自蒐存與業務相關的資料。這些圖書館的設置，在中國圖書館史上，留下了相當輝煌的一頁，因爲這些是距今近三千年前的事，當然是難能可貴的。

**三、兩漢時代，不但圖書館的數量增多**，而且收藏更加豐富，又幸運地逢上熱心的帝王，任命精通學術的羣臣加以校理，編著目錄（註四），成就驚人，令後世景仰不已。當時有書藏的官府，如太常、太史、博士、御史，藏書的場所有蘭臺、石室、石渠閣、天祿閣、麒麟閣、溫室、延閣、廣內、秘室，還有東漢的東觀等等，眞是洋洋大觀，令人歎爲觀止。其間劉邦因起事草莽之中，強壓羣雄，不知儒事，未足爲怪。但後來也逐漸發現儒生之可貴，經籍之有用。後來惠帝除挾書令；武帝建藏書之策，置寫書之官；成帝使謁者陳農求遺書於天下；劉向父子，受命校書，著爲別錄七略。東漢光武，愛好經術，先訪儒雅，採集闕文，補綴漏逸；明章諸帝，亦率皆重視經籍，一時蔚爲風氣，書藏叠有增加，特別是明帝正坐自講，諸儒執經問難於前，章帝親臨白虎觀，講議五經異同；和帝數幸東觀；安帝命劉珍及五經博士校書，這些都是漢代帝王親自參與圖書典校之事例，直接促進了漢代圖書館事業之發展。兩漢校書，著爲目錄，七略漢志，更開創了中國目錄學之先河，至今仍爲後人奉爲圭臬。

**四、東漢桓帝延熹二年，初置秘書監**，典掌全國經籍，爲專設機構監理圖書之始（註五）。這眞是我國圖書館史上的一件大事。誠如上文所述，根據史籍的記載，和考古發現，我國確實很早便已有圖書館的存在，是不容置疑的。不過，早期的那些圖書館，都是因政府各機構的需要而設置的，在經營的方針上，都是以滿足機關的需要爲任務。他們經營既受到這樣的限制，就連收藏的範圍，也都顯出彼此之間的差異。所以這些圖書館雖在發展上頗有成就，而且曾發揮過相當可觀的功能，但是就圖書館事業而論，始終令人覺得美中不足。因爲發展圖書館事業，當然不容許長久停滯在「專門圖書館」的層面上的。秘書監是我國正史職官表裏，第一個直接標明以典掌全國經籍爲職守的機構，這是首先出現的專職圖書館，和周代的五史，西漢的博士、大史、御史之藏，都迥然有異。這一點，在中國圖書館史上，自然値得大書特書。至於以後秘書監的發展，由於整個工作環境的影響，而未能逐步推進，甚至被其他機構所掩蓋或取代，那是另當別論的，同時這對近兩千年前，我國便已成立專職圖書館的偉大成就，是不足爲病的。

**五、兩漢以後，文化發展快速，**圖書資料，更受到重視，後來印刷術發明，圖書大量增加，無論官府書藏，或者私家藏書，均呈現驚人的成長。魏晉之時，雖國祚不久，亦尙知「以圖籍爲意」。南朝偏處江南，更替亦速，可是在這一方面依然有所成就。北朝國居寒荒，僻陋不文，然亦能重視經籍，致使中國圖書館史之發展，未嘗中斷（註六）。諸如「魏有崇文館，宋有玄史二館，南齊有總明館，梁有士明館，北齊有文林館，後周有崇文館」（註七），都足以證明當時的狀況。隋唐以後，更不待言，藏書場所多，數量更多。隋代嘉則殿有書三十七萬卷；唐代的弘文館和集賢殿書院；宋代昭文館、集賢院、史館，以及最爲著名的崇文院；元代異族入主中原，亦有秘書監的設置；明代的翰林院、文淵閣；清代的典校圖書，成就乃衆所週知；民國以後，新式圖書館的創置，發展大有可觀（註八）。近幾年來，我國圖書館經營的現代化，管理觀念的建立，自動化作業的實施，促成我國圖書館事業邁向新的里程。縱觀我國古今以來圖書館的發展經過，固可以讓我們驕傲，如數家珍般地敍述這些光榮的成就。其實，眞正可貴的，應該是使我們有機會藉著對歷史事實的瞭解，能夠領會出更多的意義來，無論對日後圖書館的經營，甚至社會文化國家建設的發展，都會有幫助的。

**就分析過去圖書館成功的原因而言，**是研究圖書館史的一種昇華作用，可使研究所得的一些知識，經由智慧的網層過濾以後，像淘金般得到眞正的精華。我們回顧過去各朝圖書館經營的成就，會讓大家不敢正視現在的一切，至少會令人心裏有不安的感受。因爲，從圖書館發展的環境來說，今日應該是好過從前任何一個時代的，照說當前的圖書館，理當受到更多的重視，而能夠發展得更好才對。自從知識加速發展以後，成爲一切作爲的原動力，個人的立身處世，謀生度日，社會的和諧發展，經濟的繁榮富足，國家的富強康樂，以至科學研究，學術發展，莫不在知識的基礎上滋長，換句話說，在今日世界潮流裏，沒有知識的支援，一切都將落空。那麼，在如此重視知識的天地裏，知識的寶庫—圖書館，受到重視的程度，應該遠超過往昔，它的發展，自然也應該更爲理想。可是，事實上則未必盡然，經濟發展，社會富裕，給圖書館的財務支援，卻未曾增加多少，大家對圖書館也未如想像的那麼重視，以致圖書館經營，也說不上如何成功。我們瞭解了過去圖書館發展的經過，可以試著去分析，到底從前它們很有成就，是一些甚麼原因所促成的。這些原因，我們能不能加以運用，雖然時代不同了，可是圖書館和當時社會的依存關係，卻是一樣的，其中必有若干可供借鏡之處。所以，分析過去圖書館成功的原因，是研究圖書館史的第二步功夫，也是自然而必要的次一步驟。以我國圖書館史爲例，我們發現，一所圖書館之所以經營能夠成功，除去圖書館學上所說的人員與經費等必要條件以外，還有一些因素，也直接影響到圖書館經營的成效，非但不容許忽視，而且必得依賴它們不可。所以，如果這些條件的狀況不理想，我們就一定要設法加以開拓和培養，然後才有希望促進圖書館的發展。例如圖書館的工作，有沒有得到讀者認眞的肯定，能不能受到大衆熱心的支援，和圖書館員們肯不肯眞誠地奉獻，都是最基本的問題。

在今天這種世界潮流裏，誰也不能否定圖書館的功能，和圖書館的存在價値，可是有多少人能從圖書館的實際工作效益中，眞正地體會出不能沒有圖書館。圖書館的工作不能得到認眞的肯定，便一切都在虛無飄渺中，還說甚麼成功的發展！我國歷代圖書館的任務，都受到相當的重視，而且被認定得相當嚴肅。他們一致認爲，圖書館乃經籍之所在，而經籍之爲用，在經國濟民，自不可等閑視之。所以，周代圖書館之所藏，均關係乎國計民生，天下治亂。漢代館閣所藏，或爲博士論經異同之用，或爲御史監督百官之由，故命羣臣典校，著爲目錄，甚至皇帝「自講」「臨決」，都是他們由衷地承認經籍之有用，圖書館的功能至爲可貴。南朝梁孝元帝更有一段十分有趣的故事，但卻充份證明了他對圖書典籍的重視與信任，後來雖因亡國而將書藏付之一炬，可是仍然顯示出他之於經籍的一片「痴心」。他個人精於學術，勤於著述，多達二十種，也因此十分熱心圖籍的蒐藏，最後達十四萬卷之多，以南朝而言，可謂相當難得。可惜當魏兵破江陵，他卻以之付於火炬。人問其故，他說「讀書萬卷，尙有今日，是以焚之」。這固然表達了他的一份憤怒，然而又何嘗不是顯示他曾對典籍十分信任！過去的帝王，由於相信經籍之有用，轉而肯定了從事圖書典籍蒐集保管的圖書館的功能，而使圖書館的發展，得到充份的支援。他們都利用行政的力量，皇帝的詔令，從事蒐集圖書資料，又指派大臣典校，編著目錄，有時還親自參與，督導其事，又建造館舍，規模宏偉，在中國圖書館史上留下一頁又一頁的光輝紀錄。卽以他們任命的官職而言，「秘書監及其從屬官員，在歷代官秩之中，均列於顯要地位，足見秘書監所受重視之程度，非比尋常。」(註九) 在九品官位之中，常居三品，躋於六省之列，地位相當崇高了。歷代的圖書館，能夠受到如此的重視與支援，自然是發展能有成就的主要原因，值得我們深思，也令我們十分羨慕。此外，我們分析過去圖書館成功的原因，還有一點很值得注意，那便是從事圖書館工作的人員，有着一股無比熱誠的奉獻精神。正如上文所說，他們都深信經籍的蒐存，有助於修齊治平，乃立國大業，所以十分珍惜與重視自己的這份任務，他們不但學養俱佳，而且都能熱誠奉獻，那種敬業的精神，以天下爲己任的氣概，眞是令人感佩之至。隋代秘書監牛弘，便是此中的典型人物。他在上書之時，曾慷慨陳辭，「經籍所興，由來尚矣。爻卦肇於庖羲，文字生於蒼頡，聖人所以弘宣教導，博通古今，揚於王庭，肆於時夏，故堯稱至聖，猶考古道而言，舜其大智，尚觀古人之象。周官外史掌三皇五帝之書，及四方之志。武帝問黃帝顓頊之道，太史公曰在丹書。是知握符御曆有國有家者，曷嘗不以讀書而爲教，因禮樂而成功也。昔周德既衰，舊經紊棄，孔子以大聖之才，開素王之業，憲章祖述，制禮刊詩，正五始而修春秋，闡十翼而弘易道。治國立身，作範垂法。」又說「今御書單本合一萬五千餘卷，部帙之間，仍有殘缺。比梁之舊目，止有其半，至於陰陽河洛之篇，醫方圖譜之說，彌復爲少。臣以經書自仲尼已後，迄於當今，年踰千載，數遭五厄，興集之期，膺屬聖世。伏維陛下受多明命，君臨區宇，功無與二，德冠往初。自華夏分離，彝倫攸斁，其間雖霸王遞起，而世難未夷，欲崇儒業，時或未可。今土宇邁於三王，民黎盛於兩漢，有人有時，正在今日。方當大弘教，納俗升平，而天下圖書，尚有遺佚，非所以仰協聖情，流訓無窮者也。臣史籍是司，寢興懷懼。昔陸賈奏漢祖云，天下不可馬上治之，故知經邦立政，在於典謨矣。爲國之本，莫此攸先。今秘藏見書，亦足披覽，但一時載籍，須令大備，不可王府所無，私家乃有。然士民殷雜，求訪難知，縱有知者，多懷恡惜，必須勒之以天威，引之以微利。若猥發明詔，兼開購賞，則異典必臻，觀閣所積，重道之風，超於前世，不亦善乎！」（註一〇）上面兩段文字，充份表現了他們的心胸襟懷，那種對民族文化、國家前途的使命感，以及以天下爲已任的抱負，捨我其誰的偉大情操，責無旁貸的責任心，轉化而灌注於圖書館事業之中，成爲精神上的支柱，產生的力量，實在是無法估量的。根據這些瞭解，使我們更能夠理解歷代圖書館的成就，是在何種狀況之下形成的，更讓我們發現，發展圖書館事業，除了有形的條件以外，這一類隱藏着的因素，尤其需要注意。分析過去圖書館的成功原因，可以使人體會出成功不是偶然的，背後曾耗費不知多少心力和智慧。

**就比較圖書館發展的差異而言**，是研究圖書館史必須要具備的態度，和一定要採取的方法。我們研究圖書館史，知道了過去圖書館的發展，也瞭解了它們成功的原因，對我們說來，只算是達成了願望的一半，因爲我們已經獲得不少的歷史知識。但是，這些知識如果停留在原來的層面上，而不作提升的準備，將永遠是一些知識而已。所謂提升，便是把知識組織起來，孕育新觀念，而進入一個新的領域與境界。由於圖書館的成長，受有時空的限制，各有不同的背景，發展的途徑，也自有其差異存在。舉例來說，研究我國的圖書館史，知道過去的光榮成就，多是由政府支援而得到的，假使要想把這種經驗利用到現在的圖書館事業中，便不見得像從前那樣有理想的結果。原因何在，時代的不同，造成環境的差異，只要作一比較，就可以十分瞭然。從前的圖書館，多半附屬於宮廷和官府，一般民衆，沒有讀過書，欠缺閱讀的能力，更無閱讀的需要，所以服務的對象，乃是以朝廷大臣爲主，偶爾有些君主帝王，服務對象的層面既有如此的限制，那麼服務的方式和內容也就有了範圍。這樣的狀況下，如果得到帝王的重視，詔令所及，可以爲所欲爲。縱使是出於朝臣的意見，只要得到帝王的旨意，也可以經由政府的支援，而全力以赴，終底於成。我們看歷朝的圖書館，莫不是在這種機緣下發展的。再加上服務的對象固定，也容易滿足，就比較能做得圓滿。現在的圖書館，就完全不是那麼回事了。服務的對象，是全民讀者，他們之間，有各種不同的差異。性別不同，年齡不同，職業不同，與趣不同，需要不同，教育程度也不同，由於這麼多的不同，使得圖書館蒐集資料的範圍必須增廣，服務工作的項目必須加多，而資料類型趨於複雜，又有各式機器應用於圖書館業務的運作之上，使得圖書館成爲一種專門的學術，而且引發了不少新的學說，新的觀念。這都使得圖書館的經營古今無法相提並論，不容易把過去的經驗，直接地利用在當今的圖書館事業上。所以，我們要透過比較的過程，希望抽繹出一些原則來，供給日後的參考，這應該算是研究圖書館史的一種收獲。以上所述，是就時間上的不同而說明的，如果再以空間來討論，更可見其中也不乏問題存在。我們研究美國圖書館史，可以知道美國的圖書館事業如何發達，他們的讀者如何有效地利用圖書館，他們又如何受到讀者和政府的支援，館員們也如何受到社會大衆的尊敬。我們也可以分析他們成功的原因，例如廣大的財政支援，優秀的工作人員，嶄新的經營觀念，還有熱誠的服務態度等等，都是促成他們順利發展的因素。我國的圖書館事業，正在急起直追，迎頭趕上之時，這一些自然都有極爲可觀的參考價值，我們也一直在努力學習着，近百年的力圖振作，效果卻不如理想，是無可諱言的事實。其實，也不僅是我們學習美國的效果不彰，全世界不知多少國家，都在以美國爲學習的對象，可是究竟有多少眞能學得像美國一樣，委實難以斷言，眞的爲數不多。我們比較研究圖書館史，一定可以略見端倪。到底我們學習了一些甚麼？從甚麼角度去學習的？已經學好的是些甚麼？還欠缺些甚麼？爲甚麼沒有學好？怎樣才能學好？學好了是不是就會沒有問題？會不會在有形的可以學習的以外，還有其他沒有覺察的？只有冷靜、客觀、仔細、認眞的比較之下，才能顯現出一絲絲的脈絡來。這些年來，我們確實做得不少，人員不但優秀，而且努力，社會大衆對圖書館也逐漸有了新的認識，經費的支援，雖非十分充裕，可也不算太少。然而，圖書館的發展，一直都像掩蓋在一層厚膜之下，沉悶、滯留，抽發的新芽，始終突破不出去，無法從層面上提升，而邁進新里程，開創新境界。大家館員們勇往直前的一股銳氣，每顯得難以爲繼，眞是令人納悶。恐怕打破這個僵局要有賴於圖書館史的比較研究，把地域差異的背景因素，也加入進去一併考慮，應該是能夠有所發現的。總之，在瞭解發展經過，分析成功原因以後，再比較圖書館發展的差異，是一種綜合的研究，從個別的狀況，到整體的透視，是可以剖析出很多圖書館事業發展的軌迹來，作爲我們參考的，也可以使圖書館的研究，更提升一個層次。

**就研究圖書館發展的途徑而言**，是研究圖書館史的終極目的，也是研究圖書館史的價值所在。從事研究歷史的人，常標榜是科學的對史實眞相的瞭解，而不着眼於如何有助於未來。其實，如果眞的只求瞭解過去，而不希望對未來有任何助益的話，恐怕研究過去的興趣，就會越來越淡薄了。所以，眞正使得歷史研究持續不斷的原因，恐怕仍在依據歷史的經驗，參酌當前的狀況，尋求合理的途徑，創造光明的未來。當然，此所謂歷史的經驗，絕非活生生地想把過去移植過來，因爲那是不可能的。我們只有從上述的比較研究之中，設法重建圖書館事業順利發展的成功因素，才能開創另一次新局面。例如，我們發現，圖書館事業之順利發展，必須得到讀者的支持，而且是出自於受益之後心懷感激的由衷支持，換句話說，我們所需要的，不僅是從理智上認定的應該支持，而且是經由圖書館實際工作效益所換取來的支持。過去的圖書館，得到帝王的重視，朝臣的熱心，就可以順利地成長，而圖書館也能夠輕易地滿足他們的需要，他們也對圖書館的功能充份予以肯定。這是一種何等愉快的經驗！我們現在如果想加以利用，就必須覺察，現代圖書館服務的對象，既是全體國民，那麼我們要想得到全力的有效支持，自然一定要是來自全體讀者，想要讀者支持我們，我們要先能滿足讀者的需要，讀者有何等需要，我們又如何能夠透過圖書館的作業程序，使讀者滿意，這些說來原本都是極爲簡單的觀念，可是卻不能全靠技術層面得到解決。但是，我們既經藉着圖書館史的研究，知道這是圖書館發展的必備條件，唯一的辦法，便是研究可行的途徑，才能促成圖書館的正常發展。過去數十年，特別是最近的十多年，政府投入不少財力，圖書館員奉獻不少精力，圖書館本身也的確得到不少改善，可是如果談到工作的實際效益，和讀者之間的關係，始終是像隔着一層甚麼似的，難以澈底的溝通，也使我們的圖書館事業停滯着無法向前推進，圖書館與讀者，爾爲爾，我爲我，眞不知道是怎麼搞的。圖書館員遭遇到這種情況，每檢討經營的過程，有沒有犯圖書館學上的錯誤。假使沒有錯誤，往往便怨讀者不識貨。而讀者呢？照說生活在現代社會的人，每個人都會感覺到對圖書館的需要，我們的社會，在這一方面，較不理想，有的人明明需要，而感覺不出來，當然很少會進圖書館。有人感覺出需要圖書館，偶爾也進圖書館，卻常常找不到自己所需要的資料，至少找起來不順利，因此在他們的印象裏，圖書館仍然相當陌生，他們與圖書館之間，也始終保持一段不長不短的距離。所以，我們的讀者之中，眞正會利用圖書館，瞭解圖書館，信任圖書館，進而支持圖書館的，實在少之又少。就連政府官員，他們高聲提倡，鼓勵發展圖書館，但是眞能體認圖書館功能的，也並不多，否則支持圖書館發展的基本法規——圖書館法，何以遲遲未見制訂！從這些角度研究下去，我們不僅可以發現，過去這些年來圖書館發展不理想的根本原因，而且應該同時找出來要採取的途徑。這未嘗不是發展圖書館事業的樞紐所在，值得深思，有研究的必要。上文所述，都屬於圖書館經營的客觀條件，在主觀方面，也有若干值得研究之處。在近半個世紀以來，給圖書館經營帶來最大震撼的，莫過於電腦的應用。所以，大家都熱衷於這一方面的探討，也確實獲得相當可觀程度的收獲。我們承認這些是不容忽視的，甚至包括圖書館學的新理論和新技術，都是要加緊研究的。然而，圖書館史卻給我們啓示，人員仍然是基本的動力，一切都是由此而起，十分重要。我們覺得過去的圖書館員，他們的態度、精神和抱負，頗有過人之處，更值得學習。回想當年，他們要不是憑着這些，恐怕是難以獲得偌多成就的。因爲，那時候沒有圖書館學，也無所謂專業知識，更說不上專業訓練，除了得到讀者的支持以外，就靠他們館員自己了。他們憑着過人的智慧，認眞的態度，敬業的精神，和偉大的抱負，達成了任務，還孕育出不少觀念，至今仍爲圖書館學的精華，實在難得。我們無意批評當今的圖書館從業人員，我們更願意肯定這些年來圖書館員所作的奉獻，但是也不必否認，由於近代圖書館工作內容起了變化，尤其是機器廣泛地被應用以後，大家自然地頗爲看重技術訓練，相形之下，圖書館員的精神修養，則未見對應地重視，甚至館員們的基本任務，認識得也不夠清楚，有的竟把圖書館經營的手段，當爲目的，以致很多工作，只講求多做，而不計較效果，使得圖書館事業的理想目標，反而顯得模糊，這是相當可怕的一種現象，這樣會影響到圖書館的正常發展的。基於圖書館史的教訓，我們相信，當前的圖書館員，設若能在這一方面有所培養，加上現有的科學設備，一定會使未來的圖書館，一日千里，日新又新，願大家共勉之。

圖書館史的硏究，本屬於圖書館學的一部份，但從表面上看，似乎圖書館史的知識，對於圖書館的經營，無多實際補益，故每受忽視。其實，任何事業的發展，都有其各自的淵源與背景，未來的延續和創新，也都難免受到過去或多或少的影響，還有很多難以解釋的問題，往往都必須從歷史中去尋求答案。再說，歷史的啓示，也常常爲我們未來的努力標示出方向來。我們很盼望圖書館史的研究工作，能秉持着這一信念，共同努力，也才是爲圖書館事業盡一份心力。

【附註】

註　一：蘇瑩輝著　從考古學上的新發現論圖書館起源（東海大學圖書館學報第二期）
註　二：拙著　我國古代圖書館蠡探（輔仁大學圖書館學刊十一期）
註　三：史記卷六十三　老莊申韓列傳
註　四：拙著　漢代的圖書館事業（輔仁學誌第十二期）
註　五：拙著　秘書監考（中國圖書館學會會報三十四期）
註　六：拙著　魏晉南北朝的圖書館（輔仁大學圖書館學刊十二期）
註　七：舊唐書卷四十三　志第二十三　職官二
註　八：嚴文郁著　中國圖書館發展史（楓城出版社）
註　九：拙著　秘書監考（中國圖書館學會會報三十四期）
註一〇：隋書卷四十九　牛弘傳

# 古代的圖書館事業

本文所說的古代，是指我國歷史上的先秦時代，也就是秦王政二十六年（西元前二二一年）滅六國統一天下以前的時代。但是，研究圖書館史，是沒有辦法追溯到遠古時代的，因爲圖書的存在，必須有兩個先決的條件，那便是有了文字紀錄的資料，和先民對於這些資料又有了保存的觀念，然後才會有現代所謂的圖書館出現。我國的文字起源甚早，不過就現有的資料，我們所見的文字，最早的便是商代的甲骨文。雖然我們從甲骨文的進步情況，知道在甲骨文以前，一定還有很長的時間已在使用文字，否則甲骨文的結構不會如此完美，可惜苦無證據，只能憑常理來作推斷。因之，我國圖書館史的上限，目前也只好以商代作爲起始了。蘇瑩輝教授在「從考古學上的新發現論圖書館起源」一文中，（註一）已經述之甚詳。他認爲殷商遺址所發現的「窖」，其中有一部份必然就是典藏簡策的所在，也就是當時的圖書館了。這一說法，當然可信。從甲骨文的內容來看，多是與邦國大政有關的記載，證明這些資料一定受到相當的重視，自然會給予適當的保管，圖書館的功能，必定已經發揮，是毫無問題的。遺憾的是所知不多，目前所能確定的只有這麼一點，其他的惟有待諸將來了。但是，周代留存至今的史料就相對的多得多了，本文想就周代的圖書館，加以概略的探討。

## 藏書處所

周代的圖書館，從廣義的來說，數量可能不少，而專爲典藏經籍圖書所設置的圖書館，恐怕還沒有。換句話說，宮庭之內，和各政府機構，很多都有負責蒐存資料的人員和場所，但是卻沒有設置專門掌理圖書資料的單位。在周禮春官裏面，有後人所謂的「五史」，也就是大家所認定的周代的主要圖書館。「五史」就是大史、小史、內史、外史和御史。現在分別介紹如下：

周禮之中有幾條敍述。(註一)

「大史，下大夫二人，上士四人；小史，中士八人，下士十有六人；府四人，史八人，胥四人，徒四十人。」

「內史，中大夫一人，下大夫二人，上士四人，中士八人，下士十有六人，府四人，史八人，胥四人，徒四十人。」

「外史，上士四人，中士八人，下士十有六人，胥二人，徒二十人。」

「御史，中士八人，下士十有六人，其史百有二十人，府四人，胥四人，徒四十人。」

根據以上所引資料，五史的屬員，有中大夫、下大夫、上士、中士、下士、府、史、胥、徒等九個職級，而各史的員額職級，也不相同。職級最高的中大夫，僅有一人，屬於內史。其次是下大夫，大史與內史各二人。小史、外史與御史，均無大夫。上士、中士、下士、府、史、胥、徒，除外史無府與史外，各史均有。但外史最高爲上士，御史最高爲中士，是值得注意的一個現象。

「大史，史官之長」，但最高的職級是下大夫，反不如內史中大夫高，更顯得非常特殊。我們只有從他們的職掌加以探求，才能得到答案。先談大史：

「大史：案其職云：讀詩書，祭之日，執書以次位常，是禮事及鬼神之事也，故列職於此也。小史與大史，別職而同官，故共府史也。」（註三）

「大史掌建邦之六典，以逆邦國之治；掌法以逆官府之治；掌則以逆都鄙之治。凡辨法者考焉，不信者刑之。凡邦國、都鄙及養民有約劑者藏焉，以貳六官，六官之所登。若約劑亂則辟法，不信者刑之。正歲年以序事頒之于官府及都鄙，詔告朔于邦國，閏月詔王居門終月。大祭祀，與執事卜日。戒及宿之日，與羣執事讀禮書而協事。祭之日，執書以次位常。辨事者考焉，不信者誅之。大會同朝覲，以書協禮事。及將幣之日，執書以詔王。大師抱天時，與大師同車。大遷國，抱法以前。大喪，執法以涖勸防。遣之日，讀誄。凡喪事，考焉，小喪賜謚。凡射事，飾中舍筭，執其禮事。」（註四）

歸納來說，大史的執掌有三：「迎其治職」，「知天道天時」，「執禮事」。因爲要「迎其治職」，所以必須掌「六典」、「八法」和「八則」。所謂「六典」，便是「治典」、「教典」、「禮典」、「政典」、「刑典」和「事典」，「佐王治邦國」，期望「以富邦國，以任百官，以生養民。」所謂「八法」，便是「官屬」、「官職」、「官聯」、「官常」、「官成」、「官法」、「官刑」和「官計」，用「以治官府」。至於「八則」，爲「祭祀」、「法則」、「廢置」、「祿位」、「賦貢」、「禮俗」、「刑賞」和「田役」，藉「以治都鄙」。縱觀「六典」、「八法」和「八則」，眞是國家的重要法典，上至邦國，下至都鄙，無不以之爲依據。而太史所藏，凡此及與「養民之約劑」，「皆副寫一遍」，而爲其範圍，可謂宏富之至。不但如此，大史還要依據這些典則約劑，從而考弊刑誅，其職掌就不是止於典掌資料而已，而是另有維護禮法制度的任務了。此外，太史也掌理曆數，所以要「正歲年以序事頒之于官府及都鄙」。同時，每逢大典，太史都要在場執禮協事，這些也都需要足夠的文獻資料。因此，舉凡有關國家體制，禮法典則，都是由大史負責典藏。周禮也有關於小史的記載：

「小史掌邦國之志，奠繫世，辨昭穆。若有事，則詔王之忌諱。大祭祀，讀禮法，史以書敘昭穆之俎簋。大喪、大賓客、大會同、大軍旅，佐大史。凡國事之用禮法者，掌其小事。卿大夫之喪，賜謚讀誄。」（註五）

「小史與大史，別職而同官」，所以小史與大史的職掌範圍，並無多少差異，只是所擔當的職務不同，而且很明白的，小史乃是大史的輔佐。周禮中大史小史，府史相共，更是最好的證明。小史掌理的邦國之志，用以「奠繫世，辨昭穆」，便是皇族的譜系，更是大史執禮協事的依據。復由於大史小史共府史，其實小史典藏的資料，也包括在大史所藏範圍之內，而並非另有所藏。總之，大史所藏，實爲當時國家最重要資料的收藏所在。韓宣子聘於魯，觀書於大史氏，見易象與魯春秋，說「周禮盡在此矣」，也證明了大史的藏書，是何等的完整！不過，有一點應該注意，所謂完整，僅限於「禮」，此無他，大史乃執禮之官職也。

次談內史，周禮：

「內史：案其職云：掌八枋執國法，及國令之貳，策令羣臣，皆禮事，故列職於此也。」（註六）

所謂八枋，亦卽八柄：

「以八柄詔王馭羣臣，一曰爵以馭其貴，二曰祿以馭其富，三曰予以馭其幸，四曰置以馭其行，五曰生以馭其福，六曰奪以馭其貧，七曰廢以馭其罪，八曰誅以馭其過。」（註七）

「內史：執國法及國令之貳，以考政事，以逆會計。掌敍事之法，受納訪以詔王聽治。凡命諸侯及諸卿大夫，則策命之。凡四方之事書，內史讀之。王制祿則贊為之，以方出之，賞賜亦如之。內史掌書，王命遂貳之。」（註八）

內史所藏，乃王命的副本，上文說得十分明白。內史再依王命的內容，進行「馭羣臣」的任務。這樣說起來，內史的職掌，很像現在廣義的人事行政，王命便是政事和人事法規，也是國家禮法制度的一部份。前漢書百官公卿表上：

「內史、周官，秦因之，掌治京師。景帝二年，分置左內史、右內史。武帝太初元年，更名京兆尹。」（註九）

看起來好像職掌有了改變，其實君王時代的京城，被劃為特別行政區，所以「馭羣臣」的任務，仍然是內史的。

再次爲外史：

「外史：案其職云：掌書外令及三皇五帝之書，亦禮書之類，故列職於此。」（註一〇）

「外史掌書外令，掌四方之志，掌三皇五帝之書，掌達書名于四方，若以書使于四方，則書其令。」（註一一）

很明顯的，外史所藏，主要的是以四方爲對象的資料，與內史要在京內「馭羣臣」的任務，正好相對應。外史要藏帝王下達四方的「外令」，要收存「四方之志」，要「掌三皇五帝之書」，而且也「掌達書名于四方」，則大史、內史及外史均有專責，分別典存不同的資料，而不致互相重複，使職責不清。

最後爲御史：

「御史：案其職云：賞贊書，凡數從政者皆亦禮事，故列職於此也。」（註一二）

「御史掌邦國都鄙及養民之治令，以贊冢宰。凡治者受法令焉。掌贊書，凡數從政者。」（註一三）

御史爲侍御之臣，「王有令，當以書致之，則贊爲辭」，是御史擔當的是造作詔文的任務。受詔的對象，包括了所有的內外治臣，所以業務十分繁重，也是御史屬員中史的員額多達一百二十人的原因，其他大史及內史僅有八人。但是，有一點値得重視，那便是御史所藏，是王令的原始資料，其地位的特殊，可以想見。以後各朝御史蘭台的書藏，成爲國家的主要圖書館，原因也就在此。

五史的藏書，是周代的圖書館，旣已如上所述，對於我國古代圖書館的發展，可以鈎畫出一個相當淸晰的輪廓來。只是五史各有專門蒐藏的範圍，而且都是基於本身的工作任務的需要，是值得我們特別留意的。不過，周代典藏資料尙不止於五史，還有其他的藏所。周代的官府之中，至少有三分之二以上的都有府和史的設置。周禮也有幾段關於府、史職掌的記述。

「府治府藏，史主造文書也。」

「宰夫八職云：五曰府掌官契以治藏，六曰史掌官書以贊治。」

「府二人主藏文書也，史四人主作文書。」(註一四)

如此，則各官府裏的府，是負責典藏檔案資料，而史反是負責造作文書了。其實，五史也是如此的，各有府、史的屬員，而五史本身，絕非以典藏資料爲職責的。由此我們可以推斷，周代官府也各多有大小不同的檔案資料室，正如同我們現代的機關圖書館了。此中，最爲重要的，我們也簡略舉述如下：

司書主計會之簿書，是王室財務資料的儲藏所在。

「司書掌邦之六典、八法、八則、九職、九正、九事，邦中之版，土地之圖，以周知入出百物。以敍其財，受其幣，使入於職幣。凡上之用財用，必考于司會。三歲則大計羣吏之治，以知民之財，器械之數；以知田野夫家六畜之數；以知山林川澤之數；以逆羣吏之徵令。凡稅斂掌事者受法焉。及事成，則入要貳焉。凡邦治考焉。」（註一五）

司書之所藏，包括國家的重要法典、財稅法規、稅源資料、收支狀況、國家財政及民間資產的紀錄，並且考核監督稅務官員。所以司書的收藏，一定十分豐富，但只是以財務方面的爲主。對國家而言，司書的收藏，也是十分重要的，因爲財政乃是國家的命脈所在。這也是國家的重要圖書館之一，是不必置疑的。

周代的圖書館，旣已簡略如上所述，周代有典藏各種不同資料的圖書館，雖然沒有掌管全國典籍的國家圖書館，但對於資料的重視，已可獲得明確的佐證。同時，還有一點值得特別注意，那便是各處所收藏的資料，都是基於國家政事的需要而典存的，以近代圖書館經營的觀點來說，在利用方面，一定能夠圓滿地達成任務。比之今日圖書館，重典藏，而忽略利用，又是不可同日而語了。再者，古代國家，一切歸終於帝王所主持的政治，那麼，古代圖書館典藏的，以與政事有關的資料爲範圍，也就不足爲病了。

最後，有一點必須補述一下，老莊申韓列傳：

「老子者，……姓李名耳，字伯陽，謚曰聃，周守藏室之史也。」

唐司馬貞索隱：

「按藏室史，乃周藏書室之史也。又張蒼傳，老子為柱下史，卽藏室之柱下，因以為官

名。」(註一六)

史記張蒼傳：

「張丞相蒼者，陽武人也。好書律歷。秦時為御史，主柱下方書。」

宋裴駰集解：

「如淳曰：『秦以上置柱下史，蒼為御史主其事。』」

司馬貞索隱：

「周秦皆有柱下史，謂御史也。所掌及侍立恒在殿柱之下，故老聃為周柱下史，今蒼在秦代，亦居斯職。」(註一七)

老子嘗爲周守藏室史，又被解釋爲柱下史，再依秦漢官制，進而認爲相當於御史。但周禮之中，沒有守藏室史和柱下史。周禮一書，雖爭訟頗衆，然而考查周代官制，仍必以爲圭臬。周駿富教授在「老子爲守藏室史考」文中考訂甚詳，現在再作簡略說明。史書稱老子爲守藏室史，恐仍爲大史之職。前文討論大史的時候，知道大史乃是周代的禮官，大史所藏，也多是國家的禮法典則。孔子曾問「禮」於老聃，是老子必然最爲熟悉當代的「禮」，韓宣子觀書於魯大史氏，說「周禮盡在此矣」，都證明了無論在王室或諸侯國裏，大史都是執禮協事的官員。還有，秦漢時御史主柱下方書，但是周代的御史，似乎不是如此的。因爲周代御史的職掌，不比大史重要，地位也不如大史。御史是後來才居於高位，而使大史淪爲奉常的屬官六丞令之一的(見前漢書卷十九上百官公卿表）。周代御史「掌贊書」，最高的官職，才爲中士，應非老子之任。至於守藏室史、柱下史，或均是大史的別名，而並不是另有其官職。或者大史爲其官，守藏、柱下爲其職，也未可知。鄭玄注論語，謂老聃周之大史，當有所本。進一步考證，惟有待諸來日了。

【附註】

註　一：見東海大學圖書館學報第二期
註　二：周禮注疏卷第十七　春官宗伯第三
註　三：同上註
註　四：周禮注疏卷二十六
註　五：同上註
註　六：同註二
註　七：周禮注疏卷二
註　八：同註四
註　九：前漢書卷十九上
註一〇：同註二
註一一：同註四
註一二：同註二
註一三：周禮注疏卷二十八
註一四：周禮注疏卷一

註一五：周禮注疏卷七
註一六：史記卷六十三
註一七：史記卷九十六
註一八：周駿富著老子爲周守藏室史考（東海大學圖書館學報第九期）

# 漢代的圖書館事業

我國的圖書館，到了漢代，已成爲一種事業。所謂事業，據易經坤：「發於事業。」疏：「所營謂之事，事成謂之業。」換句話說，有理想、有目標、有計劃、講求技巧，不斷經營的，都是一種事業。漢代的圖書館，已經循着這一方向運轉，所以我們稱之爲圖書館事業。

漢代立國之初，對於圖書典籍，就曾給予相當的重視，留意蒐求，妥爲整理，善加利用，奠定了圖書館良好發展的基礎。及至以後諸帝，以迄東漢之末，也都能繼承此一可貴的傳統，使得圖書館事業，得以賡續不斷地發展，在刻意經營之下，開創了我國圖書館史上最早的光輝一頁，令後人欣羡不已。試想兩千年以前，我國圖書館事業，就有如此的成就，眞的十分難得，値得誇耀。尤其是當時的帝王能夠如此重視圖書館的發展，更令我們後代的圖書館員何等的羡慕。如果能夠充份瞭解這一段歷史事實，應該可以得到很多的啓示，幫助日後圖書館的經營。爲此，本文擬就漢代對圖書典籍的蒐集、典存、整理和利用各方面加以探討，以說明當時圖書館事業發展的原委。

研究漢代圖書館事業的發展，必須先把時代背景作一次說明。我國的學術思想，及至春秋戰國，出現了空前的發達盛況，雖由於書寫印刷條件的限制，圖書典籍的數量，未必能夠如想像的那麼繁多，但是著述之衆，流傳之廣，已不難意會。可是，秦始皇統一天下以後，典籍的留存，卻遭遇浩𠡠，前人心血的凝聚，竟乃付之一炬，當年情景，無以復見了。史記秦始皇本紀：

「三十四年，丞相李斯曰：『臣請史官非秦紀皆燒之，非博士官所職，天下敢有藏詩書百家語者，悉詣守尉雜燒之。有敢偶語詩書，棄市。以古非今者，族。吏見知不舉者，與同罪。令下三十日不燒，黥為城旦。所不去者，醫藥卜筮種樹之書。若欲有學法令，以吏為師。』制曰可。」（註一）

這樣焚書的橫行逆施，使當時的圖書典籍損毀得令人不忍言狀。李斯所持的理由，史記秦始皇本紀裏也有記述：

「今天下已定，法令出一，百姓當家則力農工，士則學習法令辟禁。今諸生不師今而學古，以非當世，惑亂黔首。丞相李斯昧死言，古者天下散亂，莫之能一，是以諸侯並作，語皆道古以害今，飾虛言以亂實，人善其所私學，以非上之所建立。今皇帝幷有天下，元黑白而定一尊。私學而相與非法敎人，聞令下，則各以其學議之，入則心非，出則巷議，夸主以為名，異取以為高，率羣下以造謗，如此弗禁，則主勢降乎上，黨與成乎下。禁之便。」（註二）

上面所引這段文字，說得十分明白，詩書之所以要焚禁，乃是爲了杜絕私學，而私學正是秦始皇一統天下的障礙。但不知道這一焚燬，使得我國的古籍，不行於天下，也使得漢興以來，從事圖書典籍蒐集的工作，進行得十分困難，更證明了漢代後來所有成就的難能可貴。

### 圖籍徵集

秦亡漢興以後，我國圖書典籍的保存與流傳，才有了新的契機，得以從此出現「大收篇籍，廣開獻書之路」（漢書藝文志語）的局面。最早的行動，當然是蕭何大收秦丞相御史的律令圖書。漢書高帝紀：

「元年冬十月，乃還軍霸上，蕭何盡收秦丞相府圖籍文書。」（註三）

漢書蕭何傳記載得較爲詳細，並且說明了這批圖書律令，對漢初立國的重要性。

「沛公至咸陽，諸將皆爭走金帛財物之府分之，何獨先入收秦丞相御史律令圖書臧之。沛公具知天下阸塞，戶口多少彊弱處，民所疾苦者，以何得秦圖書也。」（註四）

其實高祖初起，由於出身的關係，並非是一開始便重視儒生和圖書典籍。漢書酈食其傳：

「騎士曰：『沛公不喜儒，諸客冠儒冠來者，沛公輒解其冠溺其中。與人言，常大罵，未可以儒生說也。』……沛公至高陽傳舍，使人召食其，食其至，入謁，沛公方踞牀，令兩女子洗，而見食其。」

同書陸賈傳：

「拜賈為太中大夫，賈時時前說稱詩書，高帝罵之曰：『乃公居馬上得之，安事詩書？』」

同上叔孫通傳：

「漢二年，漢王從五諸侯入彭城，通降漢王，通儒服，漢王憎之，迺變其服，服短衣，楚製。漢王喜。」（註五）

劉邦起事草莽之中，強壓羣雄，不知儒事，不足怪也。所以漢書高帝紀下，也毫不隱諱地說：

「初，高祖不脩文學，……天下旣定，命蕭何次律令，韓信申軍法，張蒼定章程，叔孫通制禮儀，陸賈造新語，又與功臣剖符作誓，丹書鐵卷，金匱石室，藏之宗廟，雖日不暇給，規摹弘遠矣。」（註六）

一點也不錯，漢高祖到了這個時候，才發現儒生之可貴，經籍之有用。漢書儒林傳稱「及高皇帝誅項籍，引兵圍魯，魯中諸儒尚講誦習禮，弦歌之音不絕，豈非聖人遺化好學之國哉！於是諸儒始得修其經學，講其大射鄉飲之禮」，接著又說「然尙有干戈，平定四海，亦未皇庠序之事也」。這段話說得比較含蓄，但是高祖之世，未曾熱心於此，則也說得很明白了。不過，高祖後來逐漸起用儒生，重視典籍，也是事實。如上文所說的，蕭何、韓信、張蒼、叔孫通、陸賈諸人的作爲，都使得他領悟到「馬上得之，寧可以馬上治乎」的道理。其中尤其是叔孫通制定的朝儀，更令他十分折服。漢書叔孫通傳：

「漢七年，長樂宮成，諸侯羣臣朝。十月，儀。先平明謁者治禮，引以次入殿門，廷中陳車騎，戍卒衞官設兵張旗志。傳曰趨，殿下郎中俠陛，陛數百人。功臣列侯諸將軍軍吏，以次陳西方東鄉。文官丞相以下，陳東方西鄉。大行設九賓，臚句傳。於是皇帝輦出房，百官執戟傳警，引諸侯王以下，至吏六百石，以次奉賀。自諸侯王以下，莫不震恐肅敬。至禮畢，盡伏置法酒，諸侍坐殿上，皆伏抑首，以尊卑次第上壽。觴九行，謁者言罷酒，御史執法舉不如儀者，輒引去，竟朝置酒，無敢讙譁失禮者。於是高皇帝曰：『吾迺今日知為皇帝之貴也。』拜通為奉常，賜金五百斤。」(註七)

如此，漢高祖才知道儒生禮法經籍之可貴。可惜，他在位十二年，卻始終未見進一步蒐集經籍的措施。一直到惠帝四年三月，除挾書律(註八)。從秦始皇焚禁圖書，到現在已經二十多年，典籍才得以自由保存與留傳。但是照漢書儒林傳所說，「孝惠高后時，公卿皆武力功臣。孝文時，頗登用，然孝文本好刑名之言。及至孝景不任儒，竇太后又好黃老術，故諸博士具官待問，未有進者」。(註九)是這幾十年間，雖因設有博士，必然增加書藏，但顯然由於不夠積極，而致於效果不彰。此中惟一值得介紹的，便是晁錯受尚書的故事。當初未必是為徵藏圖書而前往，結果增廣了書藏的內容，卻是事實。後來漢武帝首於建元五年春置五經博士，復於元朔五年為博士置弟子員。再如漢書藝文志所述：

「漢興改秦之敗，大收篇籍，廣開獻書之路。迄孝武世，書缺簡脫，禮壞樂崩。聖上喟然而稱曰：『朕甚閔焉。』於是建藏書之策，置寫書之官，下及諸子傳說，皆充秘府。」(註一〇)

此乃第一次由皇帝發動，公開徵集藏書，其結果當然可以想見。文選注引劉歆七略：

「孝武皇帝勅丞相公孫弘，廣開獻書之路，百年之間，書積如山。」（註一一）

以當時圖書形制而言，堆積如山的藏書，也未見得就能說一定有多少，何況山也不知大小，更難據以臆測。不過，劉歆是西漢校書的當事人，應該知道彼時書藏狀況，他的記載，應該是可信的。至少武帝親自策動這一工作，成效是可以預期的。此中最值得注意的，除了藏書數量多少而外，恐怕應該是收藏的範圍了。無疑的，過去所藏，一定以經爲主，到了武帝搜求遺書，漢志所謂「下及諸子傳說」，顯然已經包括諸子和史書在內了，這是一大轉變。尤其在措詞上用一個「下」字，應該是別有涵意的。武帝以後，除了宣帝石渠故事，顯示其對經書的重視以外，再一次大規模地廣收篇籍的，便是成帝了。漢書成帝紀：

「河平三年，謁者陳農使使求遺書於天下。」（註一二）

漢書藝文志：

「至成帝時，以書頗散亡，使謁者陳農求遺書於天下。」（註一三）

三輔黃圖：

「石渠閣，蕭何造，其下礱石為渠以導水，若今御溝，因為閣名。所藏入關所得秦之圖籍，至於成帝，又於此藏秘書焉。」（註一四）

漢代的書藏，由於成帝的這次大事蒐求，發展而至於顚峯。後來劉向父子校書，著爲別錄七略，再轉化而成爲漢書藝文志，共計收書五百九十六家，萬三千二百六十九卷，這雖非當時藏書的確實數字，但已可窺見其大概，可謂宏富也矣。可惜漢代祚運中衰，動亂不安，兵災頻仍，不僅未能繼續從事於典籍的蒐集，亦且使已有的收藏，難以安保。後漢書儒林列傳：

「昔王莽更始之際，天下散亂，禮樂分崩，典文殘落。」（註一五）

後漢書劉玄傳：

「初，王莽敗，唯未央宮被焚而已，其餘宮館，一無所毀。」（註一六）

前漢書王莽傳：

「更始都長安，居長樂宮，府臧完具，獨未央宮燒。」（註一七）

兩書所記相同。其餘宮館，均未波及，獨燒未央宮，對西漢書藏而言，眞是太殘忍了。因爲西漢藏書所在，多在未央宮，如今只有化爲灰燼了。前漢書王莽傳也記載：

「赤眉樊崇等衆數十萬人入關，立劉盆子，稱尊號，攻更始，更始降之。赤眉遂燒長安宮室市里，害更始，民饑餓相食，死者數十萬，長安為虛。」（註一八）

這樣就更澈底了，未央宮以外的藏書，也難逃於兵火，西漢長久以來的書藏，而今安在？查後漢書儒林傳，「初光武遷還洛陽，其經牒秘書，載之二千餘兩」，（註一九）刼後餘生，差堪告慰，這也就是東漢重新建立書藏的微薄基礎了。研究中國圖書館事業史，敍述及此，能不令人扼腕三歎！歷代帝王，往聖先賢，如此重視圖書典籍，竟乃難逃厄運，政治理由的焚燬，兵火災亂的波及，其奈天數何！幸我炎黃子孫，愈挫愈堅，乃有東漢更多的書藏。後漢書儒林傳：

「及光武中興，愛好經術，未及下車，而先訪儒雅，採集闕文，補綴漏逸。先是四方學士，多懷挾圖書，遁逃林藪，自是莫不抱負墳策，雲會京師。范升、陳元、鄭興、杜林、衛宏、劉昆、桓榮之徒，繼踵而至。」（註二〇）

「自此以後，三倍於前。」（註二一）

光武帝之熱心於典籍之蒐集，於此可見，難怪書藏增加得很快。「三倍於前」，姑不從數量計算，以其增加比例而言，確有可觀。光武之後，明章諸帝，亦率皆重視經籍，一時蔚爲風氣，書藏疊有增加，乃屬必然之事。後漢書儒林傳：

「中元元年，初建三雍。明帝卽位，親行其禮。天子始冠通天，衣日月，備法物之駕，盛清道之儀。坐明堂而朝羣后，登靈臺以望雲物，袒割辟雍之上，尊養三老五更。饗射禮畢，帝正坐自講，諸儒執經問難於前，冠帶縉紳之人，圜橋門而觀者，蓋億萬計。」（註二二）

這個數字，當然有誇張之處，不過當年盛況，卻可以想見。明帝對經籍的熱誠重視，其態度亦不難體會。如此景象，自屬難能可貴。明帝搜求典籍，仍有一事可爲佐證，後漢書賈逵傳：

「（逵）尤明左氏傳國語，爲之解詁五十一篇，永平中上疏獻之，顯宗重其書，寫藏祕館。」（註二三）

是所收藏，亦及當代諸儒矣。章帝卽位，亦親臨白虎觀，講議五經異同。後漢書章帝紀：

「建初三年，於是下太常將大夫博士議郎郎官，及諸生諸儒，會白虎觀，講議五經同異。使五官中郎將魏應承制問，侍中淳于恭奏，帝親稱制臨決，如孝宣甘露石渠故事，作白虎議奏。」（註二四）

皇帝本人如非精通經義，何能親自稱制臨決？明帝「自講」，章帝「臨決」，都說明了他們對於經書是何等的重視。其後，和帝數幸東觀，覽閱書林，又皆傳爲美談佳話。安帝命劉珍及五經博士校書東觀。順帝受翟酺之議，遂啓太學，更開拓房室。桓帝延熹二年，初置秘書監，典掌全國經籍，爲專設機構監理圖書之始。靈帝年間，有蔡邕等校書東觀在先，又有刊勒石經在後，都是經籍保存與流傳的大事，充份表現了靈帝對此的關注。以上後漢書諸帝紀及蔡邕傳均記之甚詳。東漢一代，對於圖書典籍的蒐集，可謂厥功甚偉，成就尤大。惜乎獻帝以後，天下紛亂，兵火疊起，一百五十年辛勤所積，仍不免於災厄。後漢書王允傳：

「初平元年，代楊彪為司徒，守尚書令如故。及董卓遷都關中，允悉收歛蘭臺石室圖書秘緯要者以從，既至長安，皆分別條上。又集漢朝舊事所當施用者，一皆奏之。經籍具存，允有力焉。」（註二五）

但是據後漢書儒林列傳：

「及董卓移都之際，吏民擾亂，自辟雍東觀蘭臺石室宣明鴻都諸藏，典策文章，競共剖散。其縑帛圖書，大則連為帷蓋，小乃制為縢囊。及王允所收而西者，裁七十餘乘，道路艱遠，復棄其半矣。後長安之亂，一時焚蕩，莫不泯滅焉。」(註二六)即以王允所收，未棄置時，也不過七十餘乘。當年光武東遷洛陽，經牒秘書，尙有二千餘輛，後經蒐集，三倍於前。如今又遭長安之亂，至於泯滅，能不令人心痛！

以上所述，兩漢時代之對於典籍，由重視而至於蒐集，可見其梗概。若從其典存之處所而言，則猶有更多待述者。西漢藏書之所在，史籍記載甚多，有以官職名之，有以殿閣稱之，其間或有重複，需要加以考證。

**藏書處所**

漢書藝文志注如淳引七略：

「外則有太常、太史、博士之藏，內則有延閣、廣內、秘室之府。」(註二七)

漢書百官公卿表：

「御史大夫，秦官，位上卿，銀印青綬，掌副丞相。有兩丞，秩千石。一曰中丞，在殿中蘭臺，掌圖籍秘書。」(註二八)

三輔黃圖：

「石渠閣，蕭何造，其下礱石為渠以導水，若今御溝，因為閣名。所藏入關所得秦之圖籍，至於成帝，又於此藏秘書焉。」

「天祿閣，藏典籍之所。漢宮殿疏云：『天祿麒麟閣，蕭何造，以藏秘書處賢才也。劉向於成帝之末，校書天祿閣。』」

「麒麟閣，廟記云：『麒麟閣，蕭何造。』漢書宣帝思股肱之美，乃圖霍光等十一人於麒麟閣。」（註二九）

隋書經籍志：

「向卒後，哀帝使其子歆嗣父之業，乃徙溫室中書於天祿閣上。」（註三〇）

史記太史公自序：

「遷為太史令，紬史記、石室金匱之書。」（註三一）

綜合以上所引，以官職而言，太常、太史、博士、御史諸官皆有書藏。以藏書處所而言，則有蘭臺、石室、石渠閣、天祿閣、麒麟閣、溫室、延閣、廣內、秘室，眞是洋洋大觀，令人歎爲觀止，足證西漢一代，對圖書典籍之重視，與收藏之豐富。至於東漢，各書的記載，均一致以東觀爲主。說得較爲詳細的，則有後漢書儒林列傳：

「及董卓移都之際，吏民擾亂，自辟雍、東觀、蘭臺、石室、宣明、鴻都諸藏，典策文章，競共剖散。」（註三二）

則東漢除東觀以外，尚有多處，也證明當時藏書之所在，不在少數。爲說明兩漢圖籍典藏的情形，下文逐一試加介紹。

**首先談太常、太史、博士之藏**，這些都是當時的官職，而這些官職，爲遂行其任務，都有賴於書藏，這也是漢代全部書藏的主要部份。漢書百官公卿表：

「奉常、秦官，掌宗廟禮儀，有丞。景帝中六年，更名太常。屬官有太樂、太祝、太宰、太卜、太醫六令丞。又均官、都水兩長丞。又諸廟寢園食官令長丞。又廱太宰太祝令丞。五時各一尉。又博士及諸陵縣皆屬焉。」

「博士、秦官，掌通古今，秩比六百石，員多至數十人。」（註三三）

根據上述資料，可知太常、太史與博士，乃同一系統的官職，且太史與博士，均爲太常的屬官。太常的職守，是掌宗廟禮儀，是卽周代掌禮的春官。他們是維持國家典制的官員，自然必須要有依據，依據者，圖書典籍是也。博士掌通古今，乃皇帝施政的顧問，要通古今，也非文獻資料不可。這些都是國家體制的命脈所在，一切歸源於圖書經籍，要妥善加以典管，是十分明顯的。劉歆典校西漢圖書，著爲七略，自必瞭解藏書的所在。其所謂「外則有太常、太史、博士之藏」，自必可信。

**其次爲御史之藏**，這是官府中早卽有之的圖籍典存。御史職司監察，掌贊書，凡帝王詔令的原始資料，均蒐存於御史，以爲糾舉百官之依據。故漢書百官公卿表之中，多陳述各官之職守，鮮有如御史條直接記明，「一曰中丞，在殿中蘭臺，掌圖籍秘書」。因爲，如此可證明御史有圖籍秘書，而藏在殿中蘭臺，十分明白。至於後代，有以蘭臺爲御史之別稱，致使蘭臺的名稱，應用甚廣，甚至滋生誤會。其實，最早的蘭臺，爲御史藏書之所在，本無可疑。而漢代圖書館史中，御史之藏，蘭臺之藏，實爲一也，絕對可信。我國古代在沒有設置專職的機構掌理圖籍以前，圖書館的存在，多半是這種型態的，附屬在政府機構之中，雖然也曾受過相當程度的重視，可是從圖書館史的觀點來說，始終還是覺得有點不夠理想。所以，我個人一直認爲，東漢桓帝延熹年間初設秘書監，應該是在這一方面向前跨越的一大步。

以官職稱書藏，既已簡略如上所述，現在再就各藏書處所略作說明。

**蘭臺**：在兩漢時代，都被列爲主要書藏所在的，只有蘭臺。根據上文的說明，我們可以知道，蘭臺的藏書，是屬於御史的。而御史有書藏，在周代早卽如此。周代的圖書館，最著名的有所謂「五史」，五史之一，便是御史。由於御史的職守，掌贊書，監百官，所以御史所藏，乃帝王詔令的原始資料，不但十分齊全，而且極爲重要。漢王初入關，蕭何所收秦代的律令圖書，就包括了御史所藏在內。後來高祖一統天下，得助於這批資料者不少，這也成爲漢初書藏主要而備受重視的一部份。蘭臺藏書之所以能在兩漢歷久不衰，原因也就在此。只是到了東漢，官制上有了改變，據後漢書百官志：

「御史中丞一人，千石。本注曰：『御史大夫之丞也。舊別監御史在殿中，密舉非法。及御史大夫轉為司空，因別留中為御史臺率，後又屬少府。』」

又設有「蘭臺令史，六百石」。這一改變，最値得重視的，是掌管蘭臺圖籍的御史中丞，沒有隨著御史大夫轉爲司空而仍爲其屬官，卻改隸少府。少府是皇帝的私屬，少府的官員，都是爲照料皇帝日常生活而設置的。御史中丞既屬少府以後，官守有了不同，蘭臺的藏書範圍，也隨著有了新的方向，而不僅限於國家律令詔文的檔案了。明帝時蔡愔得之西域的佛經，哀帝時的讖書，都可以入藏蘭臺了。隋書經籍志佛經小序：

「後漢明帝夜夢金人飛行殿庭，以問於朝，而傅毅以佛對，帝遣郎中蔡愔及秦景使天竺求之，得佛經四十二章及釋迦立像，並與沙門攝摩騰、竺法蘭東還，愔之來也，以白馬負經，因立白馬寺於洛城雍門西以處之，其經藏於蘭臺石室。」（註三四）

漢書王莽傳：

「及前孝哀皇帝建平二年，六月甲子，下詔書，更為太初元將元年，案其本事，甘忠可夏賀良讖書臧蘭臺。」（註三五）

據此，則凡皇帝之所重視與喜愛者，均可以藏之於蘭臺了。其實，這也沒有甚麼值得奇怪的，蘭臺既歸少府，本來就是皇帝的私屬，他們要收藏甚麼，便都可以入藏，那裏還有選擇的餘地。不過，蘭臺的這一轉變，是值得注意的。蘭臺所藏，可以超越以前的範圍；蘭臺所藏，眞正成爲秘書中的秘書；蘭臺所藏，更因此而提高在當時書藏中的地位。後來，蘭臺也轉變而成爲著述之所，像班固等人，都是典型的例證，也未始不是由於這種轉變而導引出來的結果。縱然史籍之中，正面記載蘭臺書藏的並不算太多，以上這些論據，仍是無可置疑的。

**石室**：史籍之中，提及石室藏書的，也有多次。史記太史公自序：

「遷為太史令，紬史記、石室金匱之書。」

「周道廢，秦撥去古文，焚滅詩書，故明堂石室金匱玉版，圖籍散亂。」（註三六）

漢書高帝紀：

「又與功臣剖符作誓，丹書鐵卷，金匱石室，藏之宗廟。」顏師古注：「以金為匱，以石為室，重緘封之，保慎之義。」（註三七）

通典引漢書百官公卿表：

「中丞在殿中蘭臺，掌圖籍秘書。」杜佑注：「漢中丞有石室，以藏秘書圖讖之屬，以其居殿中，故曰中丞。」（註三八）

後漢書黃瓊傳：

「瓊上疏順帝曰：『閒者以來，卦位錯謬，寒燠相干，蒙氣數興，日闇月散，原之天意，殆不虛然。陛下宜開石室，按河洛，外命史官，悉條上永建以前，至漢初災異，與永建以後，訖於今日，孰為多少？』」（註三九）

後漢書王允傳：

「及董卓遷都關中，（王）允悉收斂蘭臺石室圖書秘緯要者以往。」（註四〇）

後漢書儒林列傳：

「及董卓移都之際，吏民擾亂，自辟雍、東觀、蘭臺、石室、宣明、鴻都諸藏，典策文章，競共剖散。」（註四一）

業師慰堂先生在「漢代的圖書館」（註四二）文中以石室是蘭臺書藏的一部份，誠至當之論，尤其東漢以後，更是如此。因為我們根據以上所引資料，可以歸納出幾點結論。石室所藏，為帝王的珍貴秘籍，高祖的丹書鐵卷，黃瓊勸順帝「開石室，按河洛」，以及東漢諸帝的圖緯讖文，從天竺得來的佛經，這些都是皇帝心目中認為重要而珍貴的資料，所以石室是典型的中秘之藏。蘭臺原為御史之藏，後來歸屬少府，性質就與石室無多差異了。因此，蘭臺石室，每相連稱，也同樣成為兩漢的主要書藏。但是記述西漢宮殿的三輔黃圖一書之中，並無以石室為名的殿閣。是否眞如顏師古注文所云「以石為室」，只是一般建築的泛稱，實際上沒有以之為名稱的屋宇，果眞如此，就更加說明了石室所藏的珍秘特性了。

**石渠閣**：漢代書藏之中，大家對石渠閣一向極為重視，推想其原因，不外下列兩點：一是石渠閣乃漢初最早的書藏，且對高祖建立天下有所貢獻。另一是後來成帝搜求遺書於天下，也曾入藏於石渠閣。以此，石渠閣成為西漢的主要書藏，是不容許懷疑的。上文曾經一再提及，還在劉邦初入關中之時，蕭何就取得秦丞相御史的律令圖書，而這批資料，幫助了劉邦瞭解當時的情勢，也可說使得他能夠順利取得天下。這批圖書便是存在石渠閣的。另外，西漢規模最大的一次搜求遺書，是在成帝之時，還派由很多專家加以校定，使西漢的藏書益見豐富，而這些圖書，也是收藏在石渠閣的。不僅如此，另外還有一件事可以證明石渠閣的重要地位。那便是漢宣帝甘露三年的石渠故事。漢書宣帝紀：

「甘露三年，詔諸儒講五經同異，太子太傅蕭望之等，平奏其議，上親稱制臨決焉。迺立梁丘易、大小夏侯尚書、穀梁春秋博士。」（註四三）

石渠閣不但有豐富的書藏，而且是討論五經異同的處所，特別是由於漢宣帝親自參加，更使得石渠閣備受重視。當時參加討論，固有很多的儒生，但是大部份卻是博士。依據漢書儒林傳所載，更可以得到明證。

「詔拜（施）讎為博士，甘露中與五經諸儒雜論同異於石渠閣。」

「（歐陽）高孫地餘長賓，以太子中庶子授太子，後為博士，論石渠。」

「林尊，……為博士，論石渠。」

「（孔）霸為博士，……論石渠。」

「張山拊，事小夏侯，建為博士，論石渠。」

「薛廣德亦事王式，以博士論石渠。」

「（戴）聖號小戴，以博士論石渠。」（註四四）

博士掌通古今，精通經書，講議五經異同，自以博士爲主，而博士論經，皆在石渠，足證石渠閣乃係博士聚會之處，是前所謂博士之藏，亦卽此所言石渠閣之藏矣。博士爲其官職，石渠乃其處所，名異而實同者也。古人記述，或以官職稱，或以處所名，後乃以爲各有所藏，其實一也。石渠既爲博士之藏，所受重視之程度，更可以想見，雖秦始皇焚書，亦未波及，無他，博士通古今，不能無書也。三輔故事稱：「石渠閣在未央宮殿北，藏秘書之所」。未央宮是西漢最早建造的宮殿，據漢書記載，高祖初定天下，居長樂宮，而長樂宮本秦之興樂宮，經過修飾而居之。漢七年蕭始造未央宮，終西漢之世，均以未央宮爲主要宮殿，而石渠閣，在未央宮中，更足以證明其重要性了。

**溫室**：在漢代書藏之中，提及溫室的不多，所以也鮮爲大家所注意，但隋書經籍志序有「（歆）乃徙溫室中書於天祿閣上」的記述，則溫室中有書藏，且數量可能不少，乃無可爭議的。三輔黃圖是一部專記西漢宮殿的書籍，根據該書卷三的記載，長樂宮及未央宮均有溫室殿，如果我們瞭解了溫室的特點，便會覺得兩宮都有溫室，也就不算甚麼稀奇的事了。三輔黃圖卷三：「溫室，多處之溫暖也。」西京雜記曰：「溫室以椒塗壁，被之文繡，香桂爲柱，設火齊屏風，鴻羽帳，規地以罽賓氍毹。」北地酷寒，宮殿之中，有如此設置，以爲取暖，高祖常居長樂宮，惠帝以迄平帝常居未央宮，兩宮均有溫室，絲毫不足爲怪，溫室既爲帝王冬日居留之處，藏有圖書，亦屬順理成章之事。所以，當年劉氏父子校書於天祿閣上，也將原藏於溫室的圖書，徙置過來，集中存放，以便於工作。可惜史書少有對於溫室書藏的記述，無法詳爲考訂。也許由於溫室爲帝王居息之所，而非臣儒可以經常出入，所以後人著述絕少提及。不過，根據以上所引，溫室有書藏，則是不容置疑的。甚至基於這個原故，溫室之中收藏的圖書，內容性質較爲特殊，也未可知。因爲這是皇帝喜愛和重視的圖書，自然可能和一般供給博士儒生大臣利用的有所不同。劉歆爲了「總括羣籍，撮其旨要，著爲七略」（隋書經籍志語），才獲准把溫室中，皇帝特別收藏的圖書，也一併移置於天祿閣，然後七略也才能成爲西漢典籍的完整目錄。溫室書藏的重要地位，於此可見一斑。同時，也可以證明，這一時期的圖書館，還沒有進入整體規劃的階段。

西漢藏書的處所，除去上述的以外，照前人的記載，尙有天祿閣、麒麟閣、延閣、廣內、秘室等處。天祿、麒麟兩閣，雖然缺少詳細的記述，但據三輔黃圖一書，我們都知道在未央宮，爲蕭何所造，以藏秘書處賢才。劉向於成帝末年，校書天祿閣，還有夜見老人的故事。以此證明天祿閣不僅是藏書之處，亦且爲校定之所。至於麒麟閣，三輔黃圖：

「宣帝思股肱之美，乃圖霍光等十一人於麒麟閣。」（註四五）

據此，則麒麟閣很可能是當年君臣相見之地方，因爲宣帝「圖霍光等十一人」，固用以表示他「思股肱之美」，其實如此作爲，對羣臣而言，是頗有警惕和鼓勵作用的。總而言之，兩閣有藏書，是不會錯的。再談延閣、廣內、秘室，業師慰堂先生在漢代的圖書館（見大陸雜誌廿七卷八——十期）文中曾說：「其實延閣、廣內、秘室，都是指的內府，並非實在的名稱。」誠哉斯言，因爲除了漢志序如淳注所引七略曾提及上列三處外，其他當時諸書之中，均絕少記載，宮殿名稱之中，亦未曾見之，其爲泛稱，而非有專指，殆無可疑。西漢的藏書處所，已概略如上所述，現在再介紹東漢。

**東觀**：東漢的主要書藏，在南宮的東觀，諸書均明確記載，如通典「後漢圖書在東觀」，唐書職官：弘文館下注「後漢有東觀」，便是例證。光武中興，定都洛陽，始居南宮。到明帝永平年間，才起造北宮。南北兩宮，相去七里，其間作大屋複道，戒備森嚴，終東漢之世，兩宮併用。東觀的藏書，經過諸帝的熱心蒐集，增加得極爲急速。關於東觀藏書，除了數量以外，還有幾點値得稱述。一是收藏的範圍增廣了。過去的書藏，多以經書爲主，鮮及其他。後漢書文苑傳：

「永初中，（劉珍）爲謁者僕射，鄧太后詔使與校書劉騊駼、馬融及五經博士，校定東觀五經，諸子傳記，百家藝術。」（註四六）

證明了東觀所藏，五經以外，現在還加上「諸子傳記，百家藝術」，眞是一大轉變，値得大家注意。諸子爲子書，東周時期，百家爭鳴，著述尤多，但長久以來，均因爲崇尊儒術，致遭受罷黜，如今亦加以收藏。傳記爲史書，從漢書藝文志可以得知，彼時尙因爲書少不能自成一類，僅附於春秋之末，東漢以後，研求者多，蔚爲風尙，史書日增，東觀收藏，情勢使然，理所至當。惟「百家藝術」，亦登於東觀之內，毋乃駭人大事。可是就圖書館史的發展來說，卻是令人欣慰的。圖書館蒐存資料，本來就不應該由於學術上的歧視，而有所取捨的。東觀之値得稱述者，另一是受到帝王的重視。後漢書儒林列傳：

「孝和亦數幸東觀，覽閱書林。」（註四七）

過去的帝王，珍重典籍者有之，詔令蒐求者亦有之，親臨藏書處所披覽圖籍者則未多見，而能夠

「數」幸東觀，寧非古今美談！其中最重要的，莫如對東觀書藏蒐集和整理工作的鼓勵。試想居天下之至尊的皇帝，如此垂顧東觀，東觀如何能夠成爲東漢主要書藏，就不言可喻了。以後疊次典校東觀秘書，更是成就非凡。東觀之値得稱述者，再一是間接促成了秘書監的設置。我國古代蒐集圖籍的處所，早卽有之，但是設立專職機構以掌理，則始於秘書監。秘書監初置於東漢桓帝延熹二年，實在是由於東觀書藏蛻變而來的。因爲東觀藏書豐富，又都經過了愼重的典校，爲期維持久遠，妥善掌管，而東觀又無常置官職，故乃設秘書監，使有專官職司其事，是我國創設專職圖書館之始，在圖書館史上，這是應該大書特書的。

**辟雍**：白虎通：「天子立辟雍何？所以行禮樂宣德化也。」漢書卷二十二禮樂志，成帝時得古磬十六枚於犍爲郡水濱，劉向因是說「宜興辟雍，設庠序，陳禮樂，隆雅頌之聲，盛揖攘之容」。光武中興以後，「營立明堂辟雍，顯宗（明帝）卽位，躬行其禮，祀光武皇帝於明堂，養三老五更於辟雍」。如此，辟雍之功能，辟雍之所以有書藏，已極爲明顯，而不待贅言了。因此，東漢末年，董卓移都之際，王允所收而西的書籍，其中也有一部份是來自於辟雍的，而且還在後漢書的記述之中，列居首位，在東觀與蘭臺之前，也許並非是藏書最多的原故，而是由於辟雍在諸書藏裏的地位較爲特殊，又爲天子之所重，其功能更爲「行禮樂宣德化」的理由。不過，辟雍之所藏，應爲禮樂方面的典籍，當無可爭議。

除了上述的以外，東漢還有宣明、鴻都兩書藏。宣明殿在北宮德陽殿後，是內宮的書藏。明帝曾御製五家要說章句，命桓郁校定於宣明殿，是宣明殿中必有藏書，且於宣明殿中校定者，爲明帝所自製，其書藏自然是內宮的。至於鴻都，照後漢書卷八靈帝紀所記，光和元年二月己未，始置鴻都門學生。注曰：「鴻都，門名也。於內置學，時其中諸生，皆勅州郡三公舉召能爲尺牘辭賦，及工書鳥篆者，相課試，至千人焉。」如此，則極爲明白，鴻都門爲學校所在，當然是次於太學的，可是學生也達千人之譜，有藏書，雖未必珍貴，但數量可能不少，應屬可信。其他如白虎觀，是東漢諸儒講議五經異同之所在，藏有經籍，也是順理成章的事。

總之，兩漢時代，由於重視圖書典籍，蒐藏的處所很多，數量也極爲豐富，特別是多次刻意蒐求，在我國圖書館事業史上，較之過去，是一種頗爲突出的超越，有劃時代的意義，值得回味。

## 編著目錄

漢代的圖書館事業，除了在蒐集和典存方面，有極爲傑出的成就以外，整理的工作，也完成了開天闢地的豐功偉績。這當然就是指的別錄七略和漢書藝文志。圖書典籍的數量加多以後，自然必須妥善整理，然後才能有效地利用。所以漢代曾經屢次典校與著爲目錄。業師慰堂先生在「漢代的圖書館」文中，認爲西漢有三次整理圖書。第一次在高帝之時，漢書高帝紀：

「天下既定，命蕭何次律令，韓信申軍法，張蒼定章程，叔孫通制朝儀。」（註四八）

但是，昌彼得先生有不同的意見，所著「中國目錄學講義」上篇第四章目錄學之淵源：

「清姚振宗著漢書藝文志拾補，載叔孫通有漢儀十二篇。又韓信申軍法事，據漢志兵書略權謀著錄有韓信三篇。由此言之，太史自序所言『蕭何次律令』云云，乃指撰著律令、禮儀，制定曆法及度量衡之制度，與申明軍法。蓋漢承秦之敝，一切法紀儀制蕩然，蕭何等為之制定制度，以恢復綱紀法制，實與整理校讎典籍無涉。」（註四九）

誠然，蕭何、韓信、張蒼、叔孫通諸人，以他們在漢初的地位，以及當時的職守，應非單純地整理圖書，而其主要目的，必在論著。不過，他們次律令，申軍法、定章程、制朝儀，這一類的論著，非如純粹的文學創作，一定要有所依據。同時，原文稱之為「次」、「申」、「定」、「制」，也和一般所謂的論著不同。所以，如果說因為蕭何等人為漢初制定各種制度，而帶動當時圖書典籍的分類整理，也是可能的。雖然未曾著為目錄，整理的工作，應該確實進行過。上文曾經提及，圖書典籍的整理工作，最初必然是出於典存和利用的需要，另外一個因素，那便是圖書典籍的數量也已經相當不少。因此，此時縱使沒有刻意整理圖書典籍，但是已經發揮了整理的功能，應屬可信。

西漢的第二次整理圖書，是在武帝之時。漢書藝文志兵書略序：

「自春秋至於戰國，出奇設伏，變詐之兵並作。漢興，張良韓信序次兵法，凡百八十二家，刪取要用，定著三十五家，諸呂用事而盜取之。武帝時，軍政楊僕捃摭遺逸，紀奏兵錄。」（註五〇）

武帝之時，楊僕整理兵書，而「紀奏兵錄」，這應該是經過校定整理，編著而成的一部兵書目錄。北堂書鈔與太平御覽兩書之中，都曾引漢武故事，謂武帝「詔求天下遺書，親自省校，使莊助、司馬相如等以類分別之。」要說是以帝王之尊，國事之繁，而能夠親自參加省校書藏，是不大可能的，至少是不會經常參加。不過，根據這項記載，證明漢武帝重視藏書，也熱心於省校工作，而且命令羣臣董理，卻是毫無問題的。特別有一點值得指出，那便是以楊僕典校兵書，楊僕時爲軍職，利用他的專長，整理專門的資料，這是一個相當進步的觀念，也說明了武帝時整理典籍，已非一般性的排比而已，而是整理得相當澈底了。

西漢第三次整理圖書，也是最有成就的一次，對後代的影響，更爲深遠。漢書成帝紀：

「河平三年秋八月，光祿大夫劉向校中秘書，謁者陳農使使求遺書於天下。」（註五一）

漢書卷三十藝文志序：

「至成帝時，以書頗散亡，使謁者陳農求遺書於天下。詔光祿大夫劉向校經傳諸子詩賦，步兵校尉任宏校兵書，太史令尹咸校數術，侍醫李柱國校方技，每一書已，向輒條其篇目，撮其指意，錄而奏之。會向卒，哀帝復使向子侍中奉車都尉歆卒父業。歆於是總羣書而奏其七略。故有輯略，有六藝略，有諸子略，有詩賦略，有兵書略，有術數略，有方技略。」（註五二）

成帝時代的這一次整理圖書，實在有很多方面值得稱述的，尤其從圖書館史的觀點來說，更有其深刻的意義。首先，整理的工作，採取分工的方式，更容易達成整理的任務。學術發展，逐漸繁衍，枝葉日多，範圍愈廣，典籍整理，自非一二人所能竟其全功。當時書分六略，劉向兼理經傳諸子詩賦，尙足堪當其任。其他兵書由步兵校尉任宏，數術由太史令尹咸，方技由侍醫李柱國校理，都是由專長職務的官員擔任，是十分科學的。雖研究目錄學的專家，都認定劉歆始將漢代藏書「種別爲七略」（見漢書卷三十六劉歆傳），事實上在校書之初，分類掌理，是早已具有類別的觀念了。當楊僕校奏兵錄，本是一種專科目錄，也已含有圖書分類的意義，只是不知道兵書以外的其他典籍，是否也曾加以校理，於史無徵，未便臆斷。現在則十分明顯，把全部圖書加以分類，在圖書分類史上跨出了一大步。其次，這次圖書整理所建立的類例，影響我國目錄學的發展，迄今兩千年，絲毫未滅。西漢以後，目錄的類例，曾叠次嬗變，由六分，而七分，而四分，甚至有多不勝舉的分類體例，雖間有外形的差異，仍足以顯示彼此一脈相承，而皆歸宗於七略。七略的分類，固然容許有值得批評檢討之處，不過我們必須瞭解一點，那便是認識歷史上的成就，一定要以當時的情勢和狀況爲出發點，要是以日後的觀點進行，是極爲不公平的。同時，圖書分類的理論，在那個時代當然還沒有建立。如果以漢代的學術背景，以及適應利用的需要來說，七略是一種相當完美的分類法，應該是無可爭辯的。六略三十八類，條理分明，脈絡淸楚，難能可貴。再以互著別裁兩種編目方法而論，更爲今日高深編目理論所接受，縱然處理方式未盡相同，基本觀念卻是一致的。漢代圖書整理，能有如此成就，多少年以前的這一批圖書館員，能不令我們肅然起敬！再次，這次圖書整理所創立的體例，更是古今目錄學的典範。目錄學之中，主要的體例有三：篇目、敍錄及小序。篇目考一書之源流，敍錄考一人之源流，小序考一家之源流。目錄之最大功用，卽在介紹圖書典籍於讀者，由篇目知一書之內容，因敍錄知一書之緣起，藉小序知一書之源流，三者具備，莫此爲善。關於這三種體例，都在劉向父子此次校書之時便已出現，可貴之至。後人編次目錄，竟乃不知出此，甚而不明其意，可歎可惜。當然，日後著述衆多，體例欲如此周備，或有所難，但目錄之爲用在此，難，亦當權宜變通，以求達成任務。尤以目錄之學，非全爲應用而興，亦有學術之特質，所謂「辨章學術，考鏡源流」，亦爲目錄學的內涵價值，不應予以忽視。返觀今日之圖書編目，過份重視格式與技術，難免捨本逐末之譏。再以現行編目體例而言，有若干項目，古時尙無，自然不足爲病。總之，西漢成帝、哀帝之時，劉向父子相繼爲業，校理書藏，奠定我國目錄學完整的基礎，是中華圖書館事業的濫觴，這是兩千年前的成就，寧非奇蹟！可惜我們無法一覩別錄七略的全貌。這原本屬於目錄學的範疇，然而從圖書館事業史而言，仍是値得大書特書的。

西漢整理圖書，有如此輝煌的成就，東漢亦不讓之專美於前。東漢書藏在東觀，討論東漢校書，自然要以東觀爲主。後漢書儒林列傳：

「及光武中興，愛好經術，未及下車，而先訪儒雅，採求闕文，補綴漏逸。先是四方學士，多懷挾圖書，遁逃林藪，自是莫不抱負墳策，雲會京師。」（註五三）

「採求闕文，補綴漏逸」，這便是圖書的整理工作，東漢之初，卽已開始，此爲明證。隋書經籍志序：

「光武中興，篤好文雅，明章繼軌，尤重經術，四方鴻生鉅儒，負袠自遠而至者，不可勝算。石室蘭臺，彌以充積。又於東觀及仁壽閣集新書，校書郎班固、傅毅等典掌焉。並依七略而為書部，固又編之以為漢書藝文志。」（註五四）

這一段記述，就更加明顯了。明章二帝，承光武之後，亦賡續其事，典掌之中，且「依七略而爲書部」，漢書藝文志，現存最早的一部目錄，也在此時完成。對目錄學及圖書館事業史來說，都是一件大事。

此後，東漢和帝，曾「幸東觀，覽書林，閱篇籍，博選術藝之士，以充其官」（見後漢書卷四和帝紀）。雖然沒有明白說整理圖書，但是「博選術藝之士，以充其官」，其中本有延攬人才，從事典掌東觀圖書的意思。而且皇帝親幸東觀，披覽篇章，這些圖籍一定是經過妥善整理的。和帝之後爲安帝，這一時期對圖書的整理，不但記載較多，亦且甚爲明確。後漢書安帝紀：

「永初四年二月，詔謁者劉珍及五經博士，校定東觀五經，諸子傳記，百家藝術，整齊脫誤，是正文字。」（註五五）

後漢書張衡傳：

「永初中，謁者僕射劉珍、校書郎劉騊駼等著作東觀，撰集漢記，因定漢家禮儀，上言請衡參論其事，會並卒，而衡常歎息欲終成之。及為侍中，上書請得專事東觀，收檢遺文，

畢力補綴。」（註五六）

後漢書馬融傳：

「永初四年，拜為校書郎，詣東觀典校秘書。」（註五七）

後漢書宦者蔡倫傳：

「元初四年，帝以經傳之文，多不正定，乃選通儒謁者劉珍，及博士良史，詣東觀各讎校漢家法，令倫監典其事。」（註五八）

根據以上所引，可以證明安帝時的校書，規模不小，動員的人也頗多，特別值得玩味的，是令宦者蔡倫監典其事。其中可能包涵兩點意義：一是安帝以宦者典監校書，可表示對此十分重視，因爲宦者常爲帝王之親信，侍身左右，而能夠得知校書之情況。一是蔡倫爲我國造紙術的發明者，雖身爲宦官，但亦與文墨之事有關，以之典監校書，縱然難免令人稍覺怪異，至少尚有言辭可託。無論如何，兩漢之時，安帝這次校書，是極爲重要的一次，值得稱述。順帝永和元年，「詔(伏)無忌與議郎黃景，校定中書五經諸子，百家藝術。」(見後漢書卷五十六)東漢最後一次整理圖書，成效卓著，規模非凡，影響也深遠的，便是靈帝年間的事。後漢書蔡邕傳：

「建寧三年，召拜郎中，校書東觀。」（註五九）

書藏的整理，多半出於典藏和利用兩方面的需要。圖書典籍的數量既多，排比庋存，必須保持一定的次序，遵守一定的原則，然後才能稱爲妥善的典藏。至於利用書藏，也自然要先加以整理，否則雜亂無章，何以尋求所需，因此歷代整理書藏，多著爲目錄，以供使用者參考。蔡邕等人的這次校書，卻超越了上述的範圍，表現出整理圖書的積極性正面的功能。後漢書蔡邕傳裏，有甚爲詳細的記載。

「遷議郎，邕以經籍去聖久遠，文字多謬，俗儒穿鑿，疑誤後學。熹平四年，乃與五官中郎將堂谿典，光祿大夫楊賜，諫議大夫馬日磾，議郎張馴、韓說，太史令單颺等，奏求正定六經文字，靈帝許之。邕乃自書冊於碑，使工鐫刻，立於太學門外。於是後儒晚學，咸取正焉。及碑始立，其觀視及摹寫者，車乘日千餘兩，填塞街陌。」(註六〇)

所謂熹平石經，便是由此而來，是靈帝時的校書，非僅滿足典藏和利用的需要，而且進一步，刊刻經書文字，使儒生學子，有所遵循。對於後代學術的發展，都自然地有很大的影響。和其他各次的圖書整理工作相比，顯然是更有意義了。東漢在王莽篡奪之後，中興帝業，講求氣節，注重儒術，熱心於圖書典籍的蒐集，也很重視整理，在圖書館事業史上留下了頗多值得讚賞的成就，以當時的情況來說，是難能可貴的。

在圖書館史的範疇裏，我國過去的圖書館，最常爲大家所詬病的，便是利用的問題了。依目前的觀念，圖書館是知識的寶庫，是屬於所有讀者的。換句話說，圖書館爲提供知識、傳佈知識的機構，它服務的對象，應是全體讀者。但是，我國的圖書館，過去都限制了使用的對象，像宮庭圖書館，只有帝王貴臣可以利用；像私人書藏，更是隨個人意願來決定誰可以利用。依此以論，當然有違設置圖書館的宗旨。所以，我們在談到歷代圖書館的時候，書藏豐富，館舍華麗，整理得法，著成目錄，實在可以稱得上是極有成就。不過，心裏常覺得總是功虧一簣。無他，利用的功能無法充份發揮，是沒有可能成爲理想的圖書館的。然而，我們瞭解過去圖書館的功能，先注意一下當時的時代背景，也許就會有不同的看法。首先，在較早的社會裏，知識是屬於少數人，一般人在生活和謀生之中，都無需乎知識的支援，而可以應付裕如，並無絲毫的困難。有所謂「作之君，作之師」，那便是政治上的統治者，也同時是知識的傳授者，何況像農業知識的傳佈，多藉經驗的培養，而不是觀念的建立，圖書資料自然不是知識的主要來源，識字的人不多，也是一般人民不需要圖書資料的原因。那麼，圖書館有沒有開放給所有的大衆，或者僅限於少數人來利用，在當時也許並不是太重要的問題了。其次，從另一個角度來說，古代這些書藏的建立，和當今圖書館的設置，在狀況上可能正好相反。何以言之，從上文可以得知，歷代蒐藏圖書，都是先感覺到有需要，然後才從事蒐集的。蒐集的單位，各本其業務之所需加以蒐存，所以彼此蒐集的範圍，也不相同。太史所藏，博士所收，與御史所存，都顯然地有其差異。在這種情況下，照理說使用的情形，應該不差。因爲他們爲使用而蒐集，所蒐集者均爲有用，就不會把蒐集保存的資料閑置，而無以爲用了。至少有其基本上的利用價值，是毫無疑問的。他如「蕭何次律令，韓信申軍法，張蒼定章程，叔孫通制朝儀」，都是利用當時書藏的成就。博士通古今，利用石渠閣的藏書，講論五經異同，也都是利用書藏的證據。至於蕭何所收秦丞相御史的律令圖書，幫助高祖統一天下，更是圖書資料發生了最高效果。後來班固撰著漢書，也充分利用了東漢的書藏。再以熹平石經而論，更是經由書藏而引發出來的。其他諸如此類的事例，一定很多，只是史籍記載較少，而無法列舉罷了！這些爲適應各方面需要而蒐集的資料，在使用價值上，必然都能維持相當的水準，而毋庸置疑。比之今日的圖書館，情形完全不同，圖書館蒐集了很多有用的資料，本來是準備提供給有這種需要的讀者，以發揮其功能。可惜，資料與讀者之間的橋樑無法架構得很好，或者是讀者有需要而不自覺，有時也許是圖書館未能蒐集足够或切宜的資料，這些都造成目前圖書館未能良好發揮功能的原因，而形成經營上的瓶頸，雖多方設計改善，亦未見有多少效果。我國古代的圖書館，卻沒有這些困擾。所以，過份地忽視歷代圖書館所發揮的功能，也是有欠公允的。

漢代的圖書館事業，由於帝王的重視，臣儒的努力，收藏宏富，妥善整理，廣爲利用，成爲古代圖書館的典型所在，我們後世的圖書館員，不但對之無限的讚美，亦且有由衷的崇敬，然而在讚美與崇敬之外，毋寧更應該多體會與學習一些可貴的觀念和精神，這些才是圖書館事業發展的命脈。

**【附註】**

註 一：史記卷六

註 二：同上註
註 三：漢書卷一上
註 四：漢書卷三十九
註 五：漢書卷四十三
註 六：漢書卷一下
註 七：同註五
註 八：漢書卷二
註 九：漢書卷八十八
註一〇：漢書卷三十
註一一：見文選註
註一二：漢書卷十
註一三：同註一〇
註一四：三輔黃圖卷六
註一五：後漢書卷一百九
註一六：後漢書卷四十一
註一七：漢書卷九十九
註一八：同上註
註一九：同註一五
註二〇：同註一五
註二一：同註一五

註二二：同註一五
註二三：後漢書卷六十六
註二四：後漢書卷三
註二五：後漢書卷九十六
註二六：同註一五
註二七：同註一〇
註二八：漢書卷十九
註二九：三輔黃圖卷六
註三〇：隋書卷三十二
註三一：史記卷一百三十
註三二：同註一五
註三三：同註二八
註三四：隋書卷三十五
註三五：漢書卷九十九
註三六：同註三一
註三七：漢書卷一下
註三八：見通典引文及註
註三九：後漢書卷九十一
註四〇：後漢書卷九十六
註四一：同註一五

註四二：見大陸雜誌二十卷八至十期
註四三：漢書卷八
註四四：同註九
註四五：三輔黃圖卷五
註四六：後漢書卷一百十
註四七：同註一五
註四八：同註六
註四九：昌彼得編著　中國目錄學講義　面四十二
註五〇：同註一〇
註五一：漢書卷十
註五二：同註一〇
註五三：同註一五
註五四：同註三〇
註五五：後漢書卷五
註五六：後漢書卷八十九
註五七：後漢書卷九十
註五八：後漢書卷一百八
註五九：同註五七
註六〇：同上註

# 魏晉南北朝的圖書館事業

舊唐書經籍志序：

「及漢末還都，焚溺過半。爰自魏晉，迄於周隋，而好事之君，慕古之士，亦未嘗不以圖籍為意也。然河北江南，未能混一，偏方購輯，卷帙未弘。而荀勗、李充、王儉、任昉、祖暅，皆達學多聞，歷世整比，羣分類聚，遞相祖述，或為七錄，或為四部，言其部類，多有所遺。」（註一）

這一段敍述，極爲簡單，但是魏晉南北朝圖書館發展的經過，已可略見其大概。東漢末年，烽火連天，圖書典籍，損毀殆盡，已形成了魏晉書藏的「先天不足」。而各朝之間的迅速更替，兵災不斷，歲無寧日，又使這一時期圖書館發展「後天失調」。比之漢代，確實差之甚遠，不過，仍有相當程度的成就，尤其在整理圖書，編著目錄方面，更承先啓後，建樹頗多，值得稱述。

**藏書處所**

魏晉南北朝的圖書館，最重要的便是秘書監。秘書監初設於東漢桓帝延熹二年，西元一五九年，是我國歷史上最早的專職典掌圖書祕籍的機構，正相當於今日的國家圖書館。玆根據史書記載，列述這一時期秘書監的設置及其職掌，以便進一步探討。三國志魏志王肅傳：

「後肅以常侍領秘書監，兼崇文觀祭酒。」（註二）

晉書職官：

「秘書監，案漢桓帝延熹三年（誤，從後漢書桓帝紀，應為二年）置秘書監，後省。魏武為魏王，置秘書令丞。及文帝黃初初置中書令，典尚書奏事，而秘書改令為監。……及晉受命，武帝以秘書並中書首，其秘書著作之局不廢。惠帝永平中復置秘書監，其屬官有丞、有郎、並統著作局。」（註三）

晉書荀勗傳：

「俄領秘書監，與中書令張華依劉向別錄，整理記籍。……及得汲郡冢中古文竹書，詔勗撰次之，以為中經，列在秘書。」（註四）

晉書鄭默傳：

「默字思元，起家秘書郎，考覈舊文，刪省浮穢，中書令虞松謂曰：『而今而後，朱紫別矣。』」（按以上所述為仕於魏之時）（註五）

晉書華嶠傳：

「以嶠博聞多識，屬書典實，有良史之志。轉秘書監，加散騎常侍，班同中書寺，為內臺中書散騎著作，及治禮音律，天文數術，南省文章，門下撰集，皆典統之。」（註六）

宋書百官下：

「秘書監一人，秘書丞一人，秘書郎四人。」（註七）

南齊書百官：

「秘書監一人，丞一人，郎、著作佐郎。晉秘書閣有令史，掌衆書，見晉令，令亦置令史、正書及弟子，皆典教書畫。」（註八）

南齊書王儉傳：

「解褐秘書郎，太子舍人，超遷秘書丞，上表求墳籍，依七略撰七志四十卷，上表獻之，表辭甚典。又撰定元徽四部書目。」（註九）

隋書百官上：

「（梁）秘書省置監丞各一人，郎四人，掌國之典籍圖書。」

「（陳）秘書監（中一千石），秘書丞（六百石）。」（註一〇）

梁書任昉傳：

「尋轉御史中丞，秘書監，領前軍將軍。自齊永元以下，秘閣四部，篇卷紛雜，昉手自讎校，由是篇目定焉。」（註一一）

魏書官氏九：

「秘書令，從第三品上。……秘書丞，第四品下。……秘書郎，從第五品上。……秘書舍

人，第七品下。」（註一二）

隋書百官中：

「後（北齊）秘書省監丞各一人，郎中四人，校書郎十二人，正字四人。又領著作郎二人，佐郎八人，校書郎二人。」（註一三）

根據以上所引資料，我們可以得到一個十分清晰的印象，那便是魏晉南北朝所包括的各朝代，雖均帝業爲期不久，國事亦少安定，可是郤都設置了秘書監，而秘書監仍一以典存圖書載籍爲職掌，足見當時的帝王，對圖書事業的發展，始終是相當重視的。隋書經籍志中敍述甚詳，「魏氏代漢，采掇遺亡，藏在秘書中外三閣。……惠懷之亂，京華蕩覆，渠閣文籍，靡有孑遺。東晉之初，漸更鳩聚。……其後中朝遺書，稍流江左。……齊末兵火延燒秘閣，經籍遺散。梁初，秘書監任昉躬加部集，又於文德殿內列藏衆書，華林園中，總集釋典。……梁敦悅詩書，下化其上，四境之內，家有文史。元帝克平侯景，收文德之書，及公私經籍，歸於江陵。陳天嘉中，又更鳩集，考其篇目，遺闕尚多。其中原則戰爭相尋，干戈是務，文教之盛，苻姚而已。宋武入關，收其圖籍，府藏所有，纔四千卷，赤軸青紙，文字古拙。後魏始都燕代，南略中原，粗收經史，未能全具。孝文徙都洛邑，借書於齊秘府之中，稍以充實。暨於爾朱之亂，散落人間。後齊遷鄴，頗更搜聚，迄於天統武平，校寫不輟。後周始基關右，外逼強鄰，戎馬生郊，日不暇給，保定之始，書止八千，後稍加增，方盈萬卷。周武平齊，先封書府，所加舊本，纔至五千。」

（註一四）此中較為値得稱述的，有下列幾點：

一是梁初於文德殿及華林園，分別典藏一般經籍與釋典，固足以說明此時佛教經典數量增多，但從目錄學與蒐藏的觀點，仍不願意置於一處，乃各自典存。

二是侯景亂平，梁元帝所搜而歸江陵者，為文德之書，及公私經籍，這十足表現出國家動亂之時，仍在意蒐求典籍，難能可貴。與當年劉裕入長安，縛姚泓歸，收其圖籍，盡歸江左，可以前後比美。

三是北魏孝文帝南徙以後，向齊秘府借書鈔寫，以實收藏，應該說是歷史上的美談，南北互相敵對，竟有借書傳鈔之舉，寧非千古「怪事」?!

此外，有關魏晉南北朝經籍之聚散，還有些插曲，以圖書館史的立場而言，也是饒有意義的。

梁孝元帝是魏晉南北朝近三百七十年間，著述最豐富、蒐書最熱心的一位帝王。梁書載：

「所著孝德傳三十卷，忠臣傳三十卷，丹陽尹傳十卷，注漢書一百一十五卷，周易講疏十卷，內典博要一百卷，連山三十卷，洞林三卷，玉韜十卷，補闕子十卷，老子講疏四卷，全德志，懷舊志，荊南志，江州記，貢職圖，古今同姓名錄一卷，筮經十二卷，式贊三卷，文集五十卷。」（註一五）

觀乎這一份個人著述目錄，多達二十種之多，可謂宏富也矣，再以學術範圍而論，亦極為寬廣。帝王從事著述，本已難能可貴，而得有如此成就，就更加令人覺得非比尋常了。也許是由於他雅好學術，促使他對於圖書蒐存也十分熱心。他破平侯景之後，盡收文德之書，及公私典籍，最後收藏達十四萬卷之多，縱觀古今圖書館史，是相當值得記述的了。十分可惜，這一個宏富的書藏，結果卻燬之於一炬。南史梁本紀：

「乃聚書十餘萬卷，盡燒之。」（註一六）

那是在魏軍進逼，無可挽救之時。據續史疑卷下：

「魏兵破江陵，孝元帝焚圖書十四萬卷；人問故？曰：『讀書萬卷，尚有今日，是以焚之！』」（註一七）

後人談到這一歷史故事的時候，都不免對梁孝元帝有所責怪。責怪他不該把辛勤蒐集所得的圖書典籍，竟乃以火焚之。責怪他不該在國破身亡之時，遷怒於圖書典籍。但是，從另一個角度來說，未嘗不可以證明一個事實，那便是梁孝元帝曾經對這批書籍有過殷切的寄望，他當年確實相信過圖書典籍可以幫助治理政事。也正由於這個原因，促成他認眞地從事典籍的蒐存。而這種對圖書典籍價值的肯定，正是圖書館事業發展的動力來源。在研究圖書館史的時候，是我們很樂於見到的一個現象。

北朝魏太祖道武帝，和臣僚李先之間，曾經有過一段對話，也證明了因著帝王的愛書，可以促成圖書館事業的發展。魏書李先傳：

「遷博士，定州大中正。太祖問先曰：『天下何書最善，可以益人神智？』先對曰：『唯有經書，三皇五帝治化之典，可以補王者神智。』又問曰：『天下書籍，凡有幾何？朕欲集之，如何可備？』對曰：『伏羲創制，帝王相承，以至於今，世傳國記、天文、秘緯，不可計數，陛下誠欲集之，嚴制天下，諸州郡縣，搜索備送，主之所好，集亦不難。』太祖於是班制天下，經籍稍集。」（註一八）

北史卷二十七，也有相同的記載，只是稍爲簡略而已。雖然這一次的圖書蒐集，效果未見理想，但是卻給了我們一個很強烈的啓示，那便是圖書典籍的蒐存，也可以說圖書館事業的發展，必須得到「有心人」的認知與支持，在專制時代，有帝王的支援，當然是再好不過了。今日民主時代，這種支援的力量，一定要來自政府和一般讀者。總而言之，有人認識圖書典籍的眞正價値，有人肯定圖書典籍的眞正功能，才是圖書館事業發達的動力泉源，恐怕是千古不移的道理。我們惋惜梁孝元帝的書藏未能傳之後世，我們也同情魏太祖道武帝由於環境的限制，未能建立更宏富的書藏，但是我們卻好高興能見到歷史上有如此眞心喜愛圖書的帝王，在我國圖書館史上留下了令人回憶難忘的一頁，更是傳留千古的美談。

魏晉南北朝的圖書館事業，在蒐存資料方面，未能有十分圓滿的成就，自然是受到客觀環境的影響和限制而使然的。三百七十年間，天下南北分裂，互相敵對，兵戎烽火，連年不絕，朝代更迭，尤爲急速。南朝以劉宋立國最久，也不過五十九年；北朝元魏，雖享國一百四十九年，但起事北地，根基薄弱，後來遷都中原，力求漢化，然文化之事，終非一朝一夕一蹴可就的，他們能於動亂之中，盡力維護道統之不絕，已屬難能可貴了。加之印刷技術尚未發明，圖書數量，本卽不多，從事蒐集，自非易事，兵火之餘，能有如此成就，也就差堪告慰了。

## 編著目錄

魏晉南北朝圖書館事業的主要成就，是在資料整理、編著目錄方面，不但所編目錄數量衆多，在分類體系上尤有突破性的發展，一千五百年以後的今天，我們仍然在採用以當時所創類例爲宗的分類法，而且揆諸目前情勢，恐怕在整理我國舊籍方面，這一類的分類體系，在短時間之內，仍然是無法變易的。在我國圖書館史上，影響最大的，也莫此爲甚。

關於這一時期所編著的目錄，隋書經籍志序裏有一段記述最爲簡單扼要：

「魏氏代漢，采掇遺亡，藏在秘書中外三閣。魏秘書郎鄭默始制中經，秘書監荀勗又因中經，更著新簿。分為四部，總括羣書。一曰甲部，紀六藝及小學等書。二曰乙部，有古諸子家、近世子家、兵書、兵家、術數。三曰丙部，有史記、舊事、皇覽簿、雜事。四曰丁部，有詩賦、圖讚、汲冢書。大凡四部，合二萬九千九百四十五卷。……東晉之初，漸更鳩集，著作郎李充以勗舊簿校之，其見存者，但有三千一十四卷，充遂總沒衆篇之名，但以甲乙為次。……宋元嘉八年，秘書監謝靈運造四部目錄，大凡六萬四千五百八十二卷。元徽元年，秘書丞王儉又造目錄，大凡一萬五千七百四卷。儉又別撰七志，一曰經典志，紀六藝、小學、史記、雜傳。二曰諸子志，紀古今諸子。三曰文翰志，紀詩賦。四曰軍書志，紀兵書。五曰陰陽志，紀陰陽圖緯。六曰術藝志，紀方技。七曰圖譜志，紀地域及圖書。其道佛附見，合九條。……齊永明中，秘書丞王亮、監謝朏又造書目，大凡一萬八千一十卷。……梁初，秘書監任昉，躬加部集，又於文德殿內列藏衆書，華林園中總集釋典，大凡二萬三千一百六卷，而釋氏不豫焉。梁有秘書監任昉、殷鈞四部目錄，又有文德殿目錄，其術數之書，更為一部，使奉朝請祖暅撰其名，故梁有五部目錄。普通中，有處士阮孝緒，沉靜寡慾，篤好墳史，博采宋齊已來王公之家，凡有書記參校官簿，更為七錄。一曰經典錄，紀六藝。二曰紀傳錄，紀史傳。三曰子兵錄，紀子書、兵書。四曰文集錄，紀詩賦。五曰技術錄，紀數術。六曰佛錄。七曰道錄。其分別題目，頗有次序。……陳天嘉中，又更鳩集，考其篇目，遺闕尚多。」（註一九）

魏晉以下，而迄南朝，代有著述，惜北朝則略而未及，殆由於中原板蕩，藝文衰盡，無足稱述者，其實北魏孝文之時，亦曾編著目錄。根據以上所引，從圖書館經營的觀點而論，頗有值得讚揚者。

圖書資料的分類整理，我們多半歸宗於七略和漢書藝文志，七略已佚，無從查考，現存者以漢書藝文志最早，在拙著「漢代的圖書館事業」（註二〇）一文中，已略加論列。其實，更早也許已有專科目錄出現，只是對全部圖書加以分類，就現在所知，開始於七略和漢書藝文志。這一套六分法，奠定了我國圖書分類的基礎，影響一直及於現代。可是，在魏晉南北朝時代，圖書分類卻發生了巨大的變化，那便是四分法和七分法的建立。關於六分、四分和七分，類例之間的分合，屬於目錄學的範疇，本文不擬加以討論，但從圖書館經營的觀點來說，圖書分類的體系改變，是值得注意的。因爲，圖書館所從事的，是知識的活動；所保存的，是人類智慧的結晶；所提供給讀者的，是紀錄人類活動的圖書資料。圖書館對於這些圖書資料的整理，當然是爲了保管和利用上的方便與需要，除此以外，也包含了相當比重的學術意義在內。時代遞轉，學術發展，推陳出新，屢有增益，圖書資料的內容，自必隨著有所變易，整理分類，也不可能一成不變，而以一種分類體系，垂之久遠而不求更新。所以，圖書分類法，理該爲適應時代潮流而作合理調整。一方面可以容納和處理所有的圖書資料，一方面也才能顯示圖書分類的眞正功能。同時，圖書分類中，也可以表達當時人對學術的態度，例如我國的圖書分類，莫不以經爲首；而在四分法形成的過程中，由先「子」後「史」，終而爲「史」先於「子」以成定局，佛道則始終難以列位宮牆，這種蛻變的經過，都是值得重視而應該加以理解的。特別是這一時期中，有四分，有七分，或以爲此時的目錄之學，呈現混亂不一的局面，殊不知四分七分僅爲外形，自其內涵以觀之，則脈絡相連，清晰可見，是證明學術演變，斷非無中生有，類皆循序以進。以七錄爲例，雖爲七分，然其上與漢書藝文志，下與隋書經籍志之間，所表現的承先啓後作用，至爲明顯。圖書館員從事圖書資料分類整理工作，非僅爲保管與利用的應用價值，另有一層深涵的學術意義在，如果不能覺察，是無以達成圖書分類的任務，發揮圖書館的功能的。近兩百年來，學術發展，空前遽速，西學入傳，造成學術傳統上空前震撼，圖書分類，也遭遇到嚴重的挑戰，華洋之間，不知所從。沿用舊法，無以容納新學；採用西法，又難以面對國學。百餘年來，迄未能找出一條合適的途徑來。魏晉南北朝的學術，玄學興起，佛道日盛，絕非六分法所可包容，加之兩漢以來，史學特盛，都促使圖書分類法非改變不可。他們處理得很好，從這次變革以後，一直沿用至十五個世紀以後的今天，而沒有大幅度修訂，固然是由於我國學術環境，在這一段時間內無多改變，但他們處理得宜，應是很重要的理由。我們如何解決當前的問題，能否從這一段圖書館史中得到啓示，是我們瞭解魏晉南北朝圖書館的同時，最關心的一個問題。當然，從這些方面，也可以肯定，除了圖書蒐藏以外，這一時期在圖書館經營上的此一成就是有意義的。

圖書館的經營，是整體的，但其內涵，卻是多方面的。我們希望圖書館能在各方面齊頭並進，經營的成果，方能更爲圓滿，可惜往往難從人願。所以，一個時代的圖書館，如果能有某些方面的成就，我們也不該忽視。研究魏晉南北朝的圖書館史，更加深了我們的這種感受。

**【附註】**

註　一：舊唐書卷四十六

註　二：三國志　魏志卷十三

註　三：晉書卷二十四　志第十四

註　四：晉書卷三十九　列傳第九

註　五：晉書卷四十四　列傳第十四
註　六：同上註
註　七：宋書卷四十　志第三十
註　八：南齊書卷十六　志第八
註　九：南齊書卷二十三　列傳第四
註一〇：隋書卷二十六　志第二十一
註一一：梁書卷十四　列傳第八
註一二：魏書卷一一三　志第十九
註一三：隋書卷二十七　志第二十二
註一四：隋書卷三十二
註一五：梁書卷五
註一六：南史卷八
註一七：張一卿著　續史疑卷下
註一八：魏書卷三十三
註一九：同註四
註二〇：拙著　漢代的圖書館事業（輔仁學誌第十二期）

# 隋代的圖書館事業

隋代享國，從西元五八一年起，至六一七年止，總共才不過三十七年，在我國五千年的悠久歷史之中，眞如白駒過隙，轉瞬卽逝。卽以之和其他朝代相比，也是十分短暫的。一般研究國史的，都以隋和唐及五代相連，但是我們的中國圖書館史，卻希望把隋代單獨劃爲一階段，不從時間的長短考慮，完全是依圖書館事業經營發展而着眼的，因爲這一時期雖極爲短促，但卻有其特徵，値得特別介紹。

首先，隋代在天下紛亂幾三百七十年之後建國，最初僅有書藏一萬五千餘卷（註一）。後來，嘉則殿藏書達三十七萬卷（註二），增加了二十五倍之多，時間才僅三十多年，成就如此驚人，其中自必有耐人尋味、値得我們取法之處。

其次，圖書館的經營，如果只注重資料的蒐集，妥善地整理，以服務讀者，而把工作的層次停留在講求技術的平面上，圖書館的生命內涵，將是平淡的，難以提昇進入較高的境界。事實上，圖書館所從事的，乃是文化工作，文化要弘揚、要持續、要新生，所以圖書館的工作應該充滿了精神的內涵。隋代的圖書館，在這一方面，很有一些値得重視的觀念。

再次，隋代經營圖書館，態度十分認眞，很肯用心。任何一種事業，要想得到理想的發展，必須要靠有一批人無條件的投入，除了時間與物質條件外，主要的，更可貴的還是心智。這也才是我們所謂的「經營」。念玆在玆，經之營之，不斷地由心智中綻開出花朵，才是最美麗的。我們當前努力發展圖書館事業，最需要的，卻是最缺少的，恐怕正是這一方面。

隋代的書藏，得之於前代的，的確十分有限，基礎顯得相當薄弱。隋書經籍志云：

「後齊遷鄴，頗更搜聚，迨於天統武平校寫不輟。後周始基關右，外逼彊鄰，戎馬生郊，日不暇給，書止八千，後稍加增，方盈萬卷。周武平齊，先封書府，所加舊本，才至五千」(註三)。

## 圖籍徵集

這就是前文所述，隋初一萬五千卷書藏之由來。隋開皇九年（西元五八九年）平陳以後，所得圖書也不多。因爲南朝聚書的君主，以梁孝元帝最爲著名，終則付之一炬(註四)。往後，陳享國三十餘年，國家多事，歲無寧日，雖「天嘉中又更鳩集，考其篇目，遺闕尙多」。故隋「及平陳已後，經籍漸備，檢其所得，多太建時書，紙墨不精，書亦拙惡」。(註五)以上所述，足以證明隋代書藏的大量增加，是全靠後來自己努力達成的。早在開皇九年平陳之前六年，即開皇三年之時，已經從事圖書典籍的蒐集了。那年「三月丁己，詔購求遺書於天下」。(註六)這是秘書監牛弘所促成的。牛弘，字里仁，安定鶉觚人也。本姓寮氏，祖熾郡中正，父允魏侍中，工部尙書臨涇公，賜姓爲牛氏。弘初在襁褓，有相者見之，謂其父曰：「此兒當貴，善愛養之。」及長鬚貌甚偉，性寬裕，好學博聞。在周起家中外府記室內史上士，俄轉納言上士，專掌文翰，甚有美稱，加威烈將軍員外散騎侍郎，修起居注。其後襲封臨涇公。宣政元年轉內史下大夫，進位使持節大將軍，儀同三司。開皇初，遷授散騎常侍秘書監。弘以典籍遺逸，表請開獻書之路（註七）。隋文帝接納了這一建議，「於是下詔，獻書一卷，賚縑一匹，一二年間，篇籍稍備」（註八）。政府如此熱心蒐集圖書，當然頗多收獲，可惜結果並非十分理想。隋志云：

「於是總集編次，存為古本。召天下工書之士，京兆韋霈，南陽杜頵等，於秘書內補續殘缺，為正副二本，藏於宮中，其餘以實秘書內外之閣，凡三萬餘卷。」（註九）

我國印刷術，發明於何時，迄無定論，隋代尚未大行，則爲事實。圖書典籍，大量增加，必待乎印刷，此時欲廣爲流傳，惟有靠傳鈔之一途。但人工鈔寫，畢竟不易，故雖大力從事，終文帝之世，亦不過三萬餘卷。直到煬帝卽位：

「秘閣之書，限為五十副本，分為三品。上品紅瑠璃軸，中品紺瑠璃軸，下品漆軸。於東都觀文殿東西廂，構屋以貯之。東屋藏甲乙，西屋藏丙丁。又聚魏已來古跡名畫，於殿後起二臺。東曰妙楷臺，藏古跡。西曰寶臺，藏古畫。又於內道場集道佛經，別撰目錄。」（註一〇）

這一次大規模地增廣收藏，無論其成效如何，在圖書館史上來說，都是應該大書特書的。因爲在魏晉南北朝長期動亂之後，圖書館的發展，圖書的蒐集，又能出現這樣的高潮，總是難得的，何況隋代享國如此短促，更是極爲可貴。此中還有一些小故事，是圖書館史中的挿曲，更是留傳後世的佳話。

「虞綽，字士裕，會稽餘姚人，身長八尺，姿儀甚偉，博學有俊才，尤工草隸，仕陳為太學博士，遷永陽王記室。及陳亡，晉王廣引為學士，大業初轉為秘書學士，奉詔與秘書郎虞世南，著作佐郎庾自直等撰長洲玉鏡等書十餘部，綽所筆削。（煬）帝未嘗不稱善，常居禁中，以文翰侍詔，頗受敬重。時禮部尚書楊玄感稱為貴倨虛襟禮之，與結布衣之友，綽數從之遊，其族人虞世南誡之曰：『上性猜忌，而君遇厚玄感，若與絕交者，帝知君改悔，可以無咎。不然，終當見禍。』綽不從。尋有告綽以禁內兵書借玄感，帝甚銜之。」（註一一）

君主時代的官府藏書，本非一般人所能得以閱覽，特別是禁中書籍，更是專爲帝王所收藏，虞綽竟以禁內兵書借與楊玄感，自使煬帝甚爲不滿。以今日圖書館學的觀點而論，自然要受到批評。不過，從另一個角度來說，也未嘗不是證明了帝王對於圖書典籍的重視，這正促進了當時圖書館的發展。

正當牛弘上書請求廣開獻書之路的時候，民間的藏書，紛紛呈獻朝廷，而各有獎賞，此時竟然發生僞造圖書而博取獎賞的事情，也是一大妙事。

「劉炫，字光伯，河間景城人，少以聰敏見稱，與信都劉焯閉戶讀書，十年不出。炫眸子精明，視目不炫，强記默識，莫與為儔。左畫方右畫圓，口誦目數耳聽，五事同擧，無有遺失，後除殿內將軍，時牛弘奏請購求天下遺逸之書，炫遂僞造書百餘卷，題為連山易、魯史記等錄上送官取賞而去。後有人訟之，經赦免死坐除名歸于家，以教授為務。」（註一二）

政府蒐集圖書典籍，會發生這一類的情事，恐怕是當初所未料及的，也算得上是一段挿曲，更可見圖籍蒐藏之不易，除了喜愛與重視之外，還得有學術的修養與專業的知識，否則將難以爲功。

隋煬帝性好讀書，尤注意典籍之蒐存，其於書藏之中，命秘書監柳䛒詮次，得正御書三萬七千餘卷，皆裝翦華淨，寶軸錦標，於觀文殿前爲書室十四間，窗戶牀褥櫥幔，咸極珍麗，每三間開方戶，帝幸書室。帝王對於圖書典籍如此重視，雖屬於個人的癖好，但是在君主時代，卻對於圖書館的發展，曾有過極大的鼓舞作用，是不容忽視的。從對圖書館史的研究之中，我們得到一個印象，那便是圖書館事業的順利發展，有兩個基本的動力，最好是由於社會的普遍需要，要不就只有靠政府的重視。君主時代的政府，一切當然是以帝王的意向爲依歸。回顧我國歷代的史實，蒐存圖書典籍的豐碩果實，莫不是由於帝王的意旨。縱或有的是出自大臣們的請求，仍然是要有他們的認可和支持的。像現代美國的圖書館事業，其發達程度可以傲視全世界，他們就是在社會普遍需要的情況下催生而出現的，基礎當然要穩固可靠得多了。這正是我們要努力的方向。因爲依賴政府提倡，發展的結果，容易架空而不落實，虛有其表，卻難收實效。

我們披覽史籍，對於隋代藏書多達三十七萬卷，眞是不勝欣慰，但是這些珍貴的書藏，最後仍難免遭受戰火的刧難，能不令人扼腕！此外，還有一件事，讓我們後人難以釋懷的，便是隋代焚燬不少緯書，造成我國圖書史上的一大損失，是永遠無法彌補的。

讖緯之書，相傳始於西漢哀平之際，（註一三）爲假託經義，言符籙瑞應之書，或記未來事，以豫言吉凶禍福之書。東漢光武好之，雖大儒鄭玄，亦爲之作注，惟孔安國、賈逵等人則非之。隋書經籍志爲之特立一類，並附於經部，爲目錄學上極爲奇特之類例，其小序敍之甚詳。

「孔子既敍六經，以明天人之道，知後世不能稽同其意，故別立緯及讖，以遺來世。」「宋均、鄭玄並為讖律之註，然其文辭淺俗，顛倒舛謬，不類聖人之旨，相傳疑世人造為之。後或者又加點竄，非其實錄。起王莽好符命，光武以圖讖興，遂盛行於世。漢時又詔東平王蒼正五經章句，皆命從讖，俗儒趨時，益為其學，篇卷第目，轉加增廣，言五經者皆憑讖為說。唯孔安國毛公王璜賈逵之徒獨非之，相承以為妖妄，亂中庸之典。故因漢魯恭王河間獻王所得古文參而考之，以成其義，謂之古學。當世之儒，又非毀之，竟不得行。魏代王肅推引古學以難其義，王弼杜預從而明之，自是古學稍立。至宋大明中，始禁圖讖；梁天監已後，又重其制；及高祖受禪，禁之踰切；煬帝卽位，乃發使四出，搜天下書籍與讖緯相涉者皆焚之，為吏所糾者至死。自是無復其學，秘府之內，亦多散亡。」（註一四）

自經書以觀之，緯書之所載，自難免於附會乖異，若以學術研究以論之，則未必一無價值可言。至緯書之受禁，實由於東漢以迄南北朝，野心者行簒奪之事，多假借緯讖之說故也。待其竊國功成，禁緯讖愈烈，此無他，唯恐他人效尤而不利於已也。例如後漢書稱公孫述稱帝之前：

「夢有人語之曰：『八ム子系，十二為期。』覺謂其妻曰：『雖貴而祚短，若何？』妻對曰：『朝聞道夕死尚可，況十二乎！』會有龍出其府殿中，夜有光耀，述以為符瑞，因刻其掌文曰公孫帝。又如公孫述廢銅錢，置鐵官錢，百姓貨幣不行，蜀中童謠曰：『黃牛白腹，五銖當復。』好事者竊言，王莽稱黃，述自號白，五銖錢，漢貨也。言天下當并還劉氏。述亦好為符命鬼神瑞應之事，妄引讖記，以為孔子作春秋，為赤制而斷十二公，明漢至平帝十二代，歷數盡也，一姓不得再受命。又引錄運法曰：『廢昌帝，立公孫。』括地象曰：『帝軒轅受命，公孫氏握。』援神契曰：『西太守，乙卯金。』謂西方太守，而乙絕卯金也。五德之運，黃承赤而白繼黃，金據西方為白德，而代王氏，得其正序。又自言手文有奇，及得龍興之瑞。數移書中國，冀以感動衆心。帝（光武）患之，乃與述書：『圖讖言公孫卽宣帝也。代漢者當塗高，君豈高之身邪？乃復以掌文為瑞，王莽何足效乎！君非吾賊臣亂子，倉卒時人皆欲為君事耳，何足數也。君日月已逝，妻子弱小，當早為定計，可以無憂，天下神器，不可力爭，宜留三思。』（註一五）

彼此之間，都爭相以符籙緯讖取信於人，足見當時斯學之盛。沈約宋書有符瑞志三卷，（註一六）

蕭子顯南齊書有祥瑞志，（註一七）殆亦受此種風氣之影響。隋文帝卽位後，卽於：

「開皇元年三月庚子詔曰：『自古帝王，受終革代，建侯錫爵，多興運遷。朕應錄受圖，君臨海內，……』」（註一八）

也是一個以緯讖爲標榜的典型。但是他後來卻加以嚴禁，煬帝時國勢日衰，四方多事，內心不安，於緯讖之說，懷懼更深，自然禁之愈烈。如此焚禁緯書，所造成的損失，在圖書史上，是一大浩刼；在學術研究上，將永遠無法彌補；在圖書館史上，乃一大汚點。此無他，圖書館之發展，牽涉於政治活動之中，而不以文化知識爲重故也。在君主時代，圖書館命運之所繫，全在帝王個人之意願，其憑藉不足，由此可見。我們前文頌揚隋代蒐存典籍之辛勤，至此述及焚緯之事，又不免深爲慨歎，豈天命無常，果如是耶?!

**藏書處所**

隋代圖書館的發展，以及其可觀的成就，既已簡略如上所述，進一步探討，便該尋出所以能如此的原由，那就是主其事的職掌和官員是如何安排的，希望藉此抽繹出一些圖書館發展的背景因素來。隋代一如舊制，以秘書省總領圖書典籍之事。設監丞各一人，郎四人，校書郎十二人，正字四人，幹事二人。而秘書監，正三品。秘書丞，正五品。秘書郎，正七品。校書郎，正九品。正字，從九品。煬帝時官品略有改定，增置少監一人，從四品。增著作郎，正五品。（註一九）

一般說來，官秩仍在三品，與當時中央諸省併列，可謂崇高也矣。所任秘書監，亦皆爲文學之士，且多爲帝王所器重，又爲其親信，這對當時圖書館的發展而言，助益之大，可以想見。他們除了蒐集、整理、考訂圖書典籍以外，也曾編著過一些目錄。據隋書經籍志史部目錄類所著錄者有四：開皇四年四部目錄四卷、開皇八年四部書目錄四卷，香廚四部目錄四卷、隋大業正御書目錄九卷。(註二十)還有王劭編撰的二十年書目，大抵這些書目都沿承四部之法，又皆爲官修，類次體例，無多變革。惟許善心之七林，則有所異，沿七志七錄，而爲七分，應略予介紹。

**編著目錄**

「許善心，字務本，高陽北新城人也。……九歲而孤，為母范氏所鞠養。幼聰明，有思想，所聞輒能誦記，多聞默識，為當世所稱。家有舊書萬餘卷，皆徧通涉。十五解屬文，牋上父友徐陵，陵大奇之，謂人曰：『才調極高，此神童也。』……禎明二年加通直散騎常侍，聘於隋。遇高祖伐陳，禮成而不獲反命，累表請辭，上不許，留縶賓館。及陳亡，高祖遣使告之，善心衰服哭於西階之下，藉草東向經三日勅書唁焉。明日，有詔就館拜通直散騎常侍，賜衣一襲。善心哭盡哀，入房易服復出，北面立，垂涕再拜受詔。明日乃朝，伏泣於殿下，悲不復興。上顧左右曰：『我平陳國，唯獲此人，既能懷其舊君，即是我誠臣也。』勅以本官直門下省，賜物千段，皁馬二十匹，從幸太山。還授虞部侍郎，……十六年有神雀降於含章闥，高祖召百官賜讌，告以此瑞，善心於座請紙筆製神雀頌。……十七年除秘書丞。于時秘藏圖籍，尚多淆亂。善心放阮孝緒七錄，更製七林。各為總敘，冠於篇首，又於部錄之下，明作者之意，區分其類例焉。」(註二一)

這部目錄，今已不存，分而為七，應無可疑，但部類為何，則不得而知。以體例而言，似兼具總序及小序，至有無敍錄，則未可知也。因本傳所敍，「各爲總敍，冠於篇首」，是其必有總序。「又於部錄之下，明作者之意，區分其類例焉」，語意殊爲不明，不知其所指，究爲小序，抑爲敍錄？「明作者之意」，似爲敍錄；「區分其類例」，又似爲小序，或者兩者兼備，今已無可考矣。不過，七林究竟仍爲十分奇特之目錄，因隋代目錄，以四部爲宗，而其乃爲七分。又身爲秘書丞，竟而不守常規，又足稱怪也。蓋善心之爲人，實非尋常。如其本傳所記，自幼卽以神童受知於當世，讀書頗多，仕於陳，聘於隋，後與隋文帝之間，相知的過程，頗爲曲折。他一生的事業，固在隋代，但是出身於南朝，受阮孝緒之影響必深，編著目錄，捨四而從七，絕非偶然。只可惜七林已不可見，不知其七類，究與七錄之間有多少淵源。他又爲宇文述等諸人所譏譖，一度不爲煬帝所諒解，仕宦之途，亦多波折。他最後還有一段令人歎服的表現，最足以代表其爲人。

「（大業）十四年化及弑逆之日，隋官盡詣朝堂謁賀，善心獨不至。許弘仁馳告之曰：『天子已崩，宇文將軍攝政，合朝文武，莫不咸集，天道人事，自有代終，何預於叔，而低徊若此？』善心怒之，不肯隨去。弘仁反走上馬泣而言曰：『將軍於叔，全無惡意，忽自求死，豈不痛哉！』還告唐奉義，以狀自化及，遣人就宅執至朝堂，化及令釋之，善心乃舞蹈而出，化及目送之曰：『此人大負氣。』命捉將來，罵云：『我好欲放你，敢如此不遜！』其黨輒牽曳，因遂害之，時年六十一。」

在南北朝政權頻於更迭之時，能有人如許善心者，何等難得！殆由於母教所致。

「善心母范氏，梁太子中舍人孝才之女，少寡養孤，博學有高節，高祖知之，勑尚食每獻時新，常遣分賜。嘗詔范入內侍皇后講讀，封永樂郡君。及善心遇禍，范年九十有二，臨喪不哭，撫柩曰：『能死國難，我有兒矣。』因臥不食，後十餘日亦終。」（註二二）

母子二人，於彼動亂之世，不為時風所動，又於學術著述，亦能保持獨特作風，可敬者孰若此！七林之不傳，或為目錄學一大損失，亦未可知！

隋代圖書館事業之成就，雖限於國事不定，為時又短，不克與漢唐相比，但是帝王之熱心，執事者之盡職，特別是對於圖書典藏之蒐存，在意義上有深入的體認，在方法上有周全的考慮，在處理上有妥善的安排，都足以顯示他們在圖書館經營上把握住了精神的內涵。我們當今的圖書館，物質條件充裕，建築設備完善，服務項目繁多，加上科學技術支援，誠然已成為讀者的樂園，知識的泉源，自然受到普遍的重視。至若以文化的層面來說，好像總有那麼一點缺失似的，精神的內涵，浮浮沉沉，若隱若現，似有若無，圖書館員們每在工作上表現傑出，觀念上有時則顯得模糊，圖書館學理論如果希望對這些加以澄清，也許可以從圖書館史中獲致一些解答。隋書牛弘傳：

「經籍所興，由來尚矣。爻畫肇於庖羲，文字生於蒼頡，聖人所以弘宣教導，博通古今，揚於王庭，肆於時夏，故堯稱至聖，猶考古道而言，舜其大智，尚觀古人之象。周官外史掌三皇五帝之書，及四方之志。武帝問黃帝顓頊之道，太公曰：『在丹書。』是知握符御曆有國有家者，曷嘗不以詩書而為教，因禮樂而成功也。昔周德既衰，舊經紊棄，孔子以大聖之才，開素王之業，憲章祖述，制禮刊詩，正五始而修春秋，闡十翼而弘易道。治國立身，作範垂法。及秦始皇馭寓，吞滅諸侯，任用威力，事不師古，始下焚書之令，行偶語之刑。先王墳籍，掃地皆盡，本既先亡，從而顛覆。臣以圖讖言之，經典盛衰，信有徵數，此則書之一厄也。漢興改秦之弊，敦尚儒術，建藏書之策，置校書之官，屋壁山巖，往往間出。外有太常太史之藏，內有延閣秘書之府。至孝成之世，亡逸尚多，遣謁者陳農求遺書於天下，詔劉向父子讎校篇籍。漢之典文，於斯為盛。及王莽之末，長安兵起，宮室圖書，並從焚燼，此則書之二厄也。光武嗣興，尤重經誥，未及下車，先求文雅。於是鴻生鉅儒，繼踵而集，懷經負帙，不遠斯至。肅宗親臨講肄，和帝數幸書林。其蘭臺石室，鴻都東觀，秘牒填委，更倍於前。及孝獻移都，吏民擾亂，圖書縑帛，皆取為帷囊，所收而西，裁七十餘乘，屬西京大亂，一時焚蕩，此則書之三厄也。魏文代典，更集漢經，皆藏在秘書內外三閣，遣秘書郎鄭默刪定舊文，時之論者，美其朱紫有別。晉氏承之，文籍尤廣。晉秘書監荀勗定魏內經，更著新簿，雖古文舊簡，猶云有缺，新章後錄，鳩集已多，足得恢弘正道，訓範當世。屬劉石憑陵，京華覆滅，朝章闕典，從而失墜，此則書之四厄也。永嘉之後，寇竊競興，因河據洛，跨秦帶趙，論其建國立家，雖傳名號，憲章禮樂，寂滅無聞，劉裕平姚，收其圖籍，五經子史，纔四千卷，皆赤軸青紙，文字古拙，僭僞之盛，莫過三秦，以此而論，足可明矣。故知衣冠軌物，圖畫記注，播遷之餘，皆歸江左。晉宋之際，學藝為多，齊梁之間，經史彌盛，宋秘書丞王儉，依劉氏七略，撰為七志。梁人阮孝緒，亦為七錄，總其書數，三萬餘卷。及侯景渡江，破滅梁室，秘書省經籍，雖從兵火，其文德殿內書史，宛然猶存，蕭繹據有江渡，遣將破平侯景，收文德之書，及公私典籍，重本七萬餘卷，悉送荆州，故江表圖書，因斯盡萃於繹矣。及周師入郢，繹悉焚之於外城，所收十纔一二，此則書之五厄也。」（註二三）

細讀上段所引文字，好像是一篇隋以前的圖書聚散史，歷述各朝圖書典籍蒐集及散亡的經過，其實此中別有意義，圖籍之可貴，在其爲用既廣且明，個人之立身處世，國家之治亂興衰，均繫之於圖書典籍。重之則成，輕之則敗，用之則興，棄之則衰。是古今以來，圖書典籍，備受重視，帝王官府，臣民百姓，熱心於圖書之蒐藏者，所在多見，在我國圖書館史上，留下很多極爲輝煌的紀錄，令後人欣羨不已。不過，話又說回來，圖書蒐集，只是一種手段，要使得所蒐集的圖書，眞正有意義，發揮高度的功用，則靠圖書本身，也就是它的內容。因此，圖書與圖書館之間，有著雙重密不可分的關係。圖書靠圖書館的蒐存，得以廣爲流傳，並顯示其功用。而圖書館的發展，則因著大家對圖書的重視，促成與提高了圖書館的存在價值。引申以言之，圖書典籍，爲民族文化，傳統思想，學術新知，科學技術，以及修齊治平道理等之所寄，圖書館從事蒐集，非徒有形之圖書資料，實肩負文化上之使命，繼往開來，承先啓後，使我們的文化得以持續，從而弘揚，進求新生，爲此代有所增，滙成優良文化的長江大河，永遠流貫於人類世界。是圖書館蒐存圖書資料的功能，又何止於藉數量所能顯示者，其眞正可貴的，恐怕不是文辭能加以形容的。也由於這個原故，圖書館員應該有新的體認，講求新穎的技術，希望妥善的處理，固屬圖書館的當務之急，但深入觀察，便知道這些仍屬於技術的層面，眞正的目的，當然是文化方面的成就。照著這樣說，在圖書館經營上，就會出現了新的方向，館員們也增加了新的任務負擔。

圖書典籍，固不必完全收藏於圖書館，私人典存，亦可以使之留傳後世，但無可否認的，如果由政府主持，再由專職機構司理其事，應是最佳的方式。故我國古代政府各部門均多所收藏，東漢桓帝改以秘書監專職掌理，而歷朝以來，均極重視。其實，大家之所以重視圖書館的發展，不是圖書館的本身，而是圖書館的工作，藉所收藏的圖書典籍，能使民族文化持續、弘揚和新生，有意義，有內涵，更有價值。這一理念，正是圖書館發展的命脈所在。大家肯定與重視這一點，圖書館則有機會欣欲向榮，反之，則一切均爲空談。牛弘上書，請求廣開獻書之路，先歷述各朝典籍之聚散，與修齊治平息息相關，而後能促成隋代圖書館事業的成就，眞乃最基本而有效的途徑。我們讀史至此，感歎良深，今後發展圖書館事業，若不此之圖，則恐終難以成事。當然，古今時代不同，我們不能靠向某一些少數人訴求，而希望獲致效果，必須要求政府當局和社會大眾，來「眞正」地肯定圖書館的任務，才是光明遠景的可靠憑藉，此一道理，是十分明顯的。

隋代經營圖書館，除了在理念上掌握住要點以外，他們的那一種抱負，那一份熱誠，肯運用心思，講求技巧，也是成功的因素，值得我們學習。再說，這些可貴的條件，也正是經由正確的理念所引發出來的。牛弘上書又云：

「今御書單本合一萬五千餘卷，部帙之間，仍有殘缺。比梁之舊目，止有其半，至於陰陽河洛之篇，醫方圖譜之說，彌復為少。臣以經書自仲尼已後，迄於當今，年踰千載，數遭五厄，興集之期，曆屬聖世。伏維陛下受天明命，君臨區宇，功無與二，德冠往初。自華夏分離，彝倫攸斁，其間雖霸王遞起，而世難未夷，欲崇儒業，時或未可。今土宇邁於三王，民黎盛於兩漢，有人有時，正在今日。方當大弘文教，納俗升平，而天下圖書，尚有遺佚，非所以仰協聖情，流訓無窮者也。臣史籍是司，寢興懷懼。昔陸賈奏漢祖云，天下不可馬上治之，故知經邦立政，在於典謨矣。為國之本，莫此攸先。今秘藏見書，亦足披覽，但一時載籍，須令大備，不可王府所無，私家乃有。然士民殷雜，求訪難知，縱有知者，多懷悋惜，必須勒之以天威，引之以微利。若猥發明詔，兼開購賞，則異典必臻，觀閣所積，重道之風，超於前世，不亦善乎！」（註二四）

文中義正辭嚴，凜冽逼人，至今讀來，猶感人良深。他們那種對民族文化、國家前途的使命感，以及以天下爲己任，捨我其誰的偉大情操，轉化而灌注於圖書館事業之中，成爲精神上的支柱，發生的力量，恐怕是無以估量的。現今的圖書館員，多受過良好的專業訓練，以資源共享，服務讀者爲標榜，工作技能，服務態度，均屬上乘，惟有精神支援，則略顯短缺。或遇挫折，每有所窮，而無以爲繼。偏由於環境因素，圖書館的功能，難以充份發揮，瓶頸階段，致突破亦多阻碍。而最後柳暗花明，欣欣向榮，必有待於大家對於圖書館任務的共同體認，在拙著「圖書館行政」第五章人事管理中曾詳加論列。現在由於對隋代圖書館史的瞭解，更得到很多的佐證，讓我們相信健全的工作理念，正確的任務體認，是我們圖書館事業突飛猛進的主要動力，研究圖書館史的收獲，此正爲重要的部份。

此外，隋代經營圖書館之際，在抱負上，「不可王府所無，私家乃有」的氣概，實在令人敬佩。以國家圖書館而言，負責蒐集保存全國典籍文獻，眞的希望館藏完整無缺，恐怕並非易事，但能以此爲目標，這份自我期許，仍然是難得的，如果稱之爲「雖不中，不遠矣」，應該不是誇張的說法。如此精神，更值得我們效法。至若他們「肯運用心思，講求技巧」，更加難能可貴。比如他們在敍述圖書典籍之功用，關係乎國計民生，千秋大業以後，從事蒐集，本理之當然，縱借取自民間，亦屬常事。可是，他們考慮到不少相關因素，設想週到，使困難減少到最低限度，才能獲致更佳的效果。他們想到可能由於「士民殷雜，求訪難知，縱有知者，多懷恡惜，必須勒之以天威，引之以微利」，眞是洞悉人心，瞭解民情。因爲天下事，有時雖然立意甚好，未必就能行之有效。將私藏之典籍，借供官府謄抄，以廣秘書之收藏，而留傳後世，莫不以爲善舉。然私心忖度，致生疑慮，亦屬人情之常。故「必須勒之以天威」，使人民莫敢不從，效果自然好多了。在君主時代，「天威」之可畏，乃無與倫比。然而牛弘卻更能於「天威」之外，「引之以微利」，眞是巧妙之至。「威」與「利」交互運用之下，百姓如果仍然不願將私藏典籍借與官府，那眞是不可思議了。後來隋文帝下詔，「每書一卷，賞絹一匹，校寫既定，本卽歸主」，都是圖書館經營上的高妙之處，其肯運用心思，講求技巧，於此可見一斑。其實，圖書館的經營，又何止於圖書資料的徵集，要充份運用機巧，以廣收藏，其他業務，又何嘗不然！我們現在的圖書館，設有多種的服務項目，可是工作的效果，卻顯然距離理想甚遠，甚至使圖書館的功能不克充份地發揮，進而影響到圖書館的正常形象，說來不僅可惜，而且極爲寃枉。因爲我們圖書館員，誠心誠意地想爲讀者服務，各種條件，均已齊備，就是超越不了與讀者之間的一段距離，與他們聯起線來。圖書館員，不能責怪讀者，「天下沒有不是的顧客」，心裏有「難逢知音」的感受，則無法避免。至於讀者，不必諱言，他們時有對圖書館的抱怨，是乃事實。這一類的問題，關係圖書館經營的成敗，應該如何解決，是值得深思熟慮的，我們如果想取法他人，似乎在圖書館事業先進國家裏，沒有遭遇到如此困窘的場面，至少不會嚴重到我們目前的這種程度，所以也無從學習。現在，我們卻可以從圖書館史中獲致若干啓示，無他，以圖書館的任務和使命，作爲我們的經營原則，但是在處理和運用之中，只有靠奉獻高度的心智，才有希望綻開出美麗的花朵。我們是一個重視文化傳統，尊重知識理念的民族，何況生活在目前這種時代潮流裏，人人，事事，時時都需要知識，大家對知識的渴求，與日俱增，而知識的寶庫，就是我們的圖書館，供求之間的橋樑，就建造在圖書館員的心智上。古人苦心孤詣地經營圖書館，正是我們難得的典範。我國圖書館的歷史，多彩多姿，曲折蜿蜒，每一個時代，都有不同的成就，有的是有形的具體事蹟，有的是無形的精神表現，只要肯虛心鑽研和學習，便是發展圖書館事業潛力的無限泉源。我們重視隋代圖書館這一段歷史，是有充份理由的。

## 【附註】

註一：隋書卷四十九　牛弘傳
註二：唐書卷五十七　藝文志
註三：隋書卷三十二　經籍志
註四：南史卷八　梁本紀
註五：隋書卷三十二　經籍志
註六：隋書卷一　高祖本紀上
註七：隋書卷四十九　牛弘傳
註八：同上註
註九：隋書卷三十二　經籍志
註一〇：同上註
註一一：隋書卷七十六　虞綽傳
註一二：隋書卷七十五　劉炫傳

註一三：曝書亭集　說緯
註一四：隋書卷三十二　經籍志
註一五：後漢書卷四十三　公孫述傳
註一六：宋書卷二十七至二十九　符瑞志
註一七：南齊書卷十八　祥瑞志
註一八：隋書卷一　高祖本紀
註一九：隋書卷二十八　百官志下
註二〇：隋書卷三十三　經籍志
註二一：隋書卷五十八　許善心傳
註二二：同上註
註二三：隋書卷四十九　牛弘傳
註二四：同上註

# 唐代的圖書館事業

在我國歷史中，唐代享國近三百年（西元六一八年至九〇七年），文治武功，盛極一時，除兩漢以外，無與倫比。圖書館事業的發展，亦因之有極爲輝煌的成就，值得稱述。考唐代的書藏，主要的計有秘書省、弘文館、集賢殿書院及崇文館四者，各有專職，仍以秘書省「掌邦國圖書經籍之事」（註一），爲主要事權之所在。茲分別略作考證如下：

**藏書處所**

**秘書省：**

「秘書監一員、少監二員、丞一員。秘書監之職，掌邦國經籍圖書之事。秘書郎四員，校書郎八員，正字四人，主事一人，令史四人，書令史八人，楷書手八十人，亭長六人，掌固八人。秘書郎掌甲乙丙丁四部之圖籍，謂之四庫。經庫類十，史庫類十三，子庫類十四，集庫類三。」（註二）

「秘書省，監一人，從三品。少監二人，從四品上。丞一人，從五品上。監掌經籍圖書之事。秘書郎三人，從六品上，掌四部圖籍，以甲乙丙丁為部，皆有三本，一曰正，二曰副，三曰貯，凡課寫功程皆分判。校書郎十人，正九品上；正字四人，正九品下，掌讎校

典籍，刊正文章。」（註三）

在新舊唐書的職（百）官志中，都明白地敘述了秘書省的設置，以及它的職權，是掌理邦國圖書典籍之事。秘書省的官員，監、少監、丞、秘書郎等的職掌，也都分別敘之甚明，而且全部都是圖書典籍方面的事務。秘書省官員的職位，在官府任官之中，也極爲崇高，例如監爲三品，少監爲四品，可爲證明。而秘書省在行政系統中的位置，本就相當重要。

「武德七年，定令以太尉、司徒、司空為三公。尚書、門下、中書、秘書、殿中、內侍為六省。」（註四）

秘書省的地位，僅次於三公，而與尚書、中書、門下並列。其實三公乃屬虛銜，國家政事，均由尚書、門下、中書分別掌理。尚書掌執行，門下掌糾核，中書掌審議，是國家政事的主要掌理機構，以現今國家體制相比，有如行政、監察、立法三院，而秘書省能與之相提並論，雖主管業務，各有不同，但其地位之備受重視，則不難想見。至殿中省「掌天子服御，總領尚食、尚藥、尚衣、尚舍、尚乘、尚輦六局之官屬」（註五），內侍省「掌在內侍奉出入宮掖宣傳之事，總掖廷、宮闈、奚官、內僕、內府五局之官屬」（註六），類皆帝王內屬之事，在當時的社會裡，都是極受重視的。秘書省和這些單位並列，故後來唐代從事圖書典籍的徵集與整理，率皆委由秘書省主其事，而又都能成就輝煌，當與此不無關係。我們也由此可見，政府設置圖書館，所賦予的任務，所受重視的程度，都可以從圖書館在行政體制中的地位，完全表現出來，更因此影響到日後的發展。唐代的書藏，不止一處，我們仍主張以秘書省爲主的理由也在此。

**弘文館：**

「後漢有東觀，魏有崇文館，宋有玄史二館，南齊有總明館，梁有士林館，北齊有文林館，後周有崇文館，皆著撰文史、鳩聚學徒之所也。武德初，置修文館，後改為弘文館，後避太子諱，改曰昭文館。開元七年，復為弘文館，隸門下省。」（註七）

歷朝以來，均各有館閣，以典理圖書經籍，是弘文館雖不一定與過去的館閣脈絡相連，但其有深厚的歷史背景，則是十分明顯的。弘文館的另一特點，是隸門下省。由於這一層隸屬關係，使弘文館具備了特有的狀況。

「門下省，侍中二人，正二品，掌出納帝命，相禮儀。凡國家之務，與中書令參總而顓判省事。」（註八）

十分明顯地，門下省是唐代三分相權以後的一部份，地位重要，也有其特定的職權範圍，並與國家圖書典籍之蒐藏無直接關聯。故弘文館之藏書，是另有其用途的。

「弘文館學士掌詳正圖籍，教授生徒，朝廷制度沿革，禮儀輕重，皆參議焉。」其下注：

「武德四年，置修文館於門下省。九年改曰弘文館。貞觀元年詔京官職事五品已上子嗜書者二十四人隸館習書，出禁中書法以授之。其後又置講經博士，儀鳳中置詳正學士，校理圖籍。」（註九）

這兩段文字，不僅明確說明了弘文館的歷史，而且道出了弘文館的功能，以及帝王對弘文館的重視，但弘文館不以收藏圖書典籍爲主要職權，也已十分明白了。後文更清楚地敍明「凡學生教授考試，如國子之制」，可見弘文館在教育方面，訓練和選拔人才上，尤有其重要地位。從圖書館史的觀點來說，弘文館的書藏，無論在唐代，甚至在歷朝之中，都不容忽視。可是此一書藏的性質，也自然應該有適當的分辨，不可與當時的專業圖書館—秘書省，用同一種標準相提並論，因爲它們之間，在基本上是不同的。

**集賢殿書院**，是玄宗開元十三年夏四月丁巳改集仙殿爲集賢殿，麗正殿書院改集賢殿書院。(註一〇)這件事的緣由，乃

「開元十三年，（張說）受詔與右散騎常侍徐堅、太常少卿韋縚等撰東封儀注，舊儀不便者，說多所裁正，語在禮志。玄宗尋召說及禮官學士等賜宴於集仙殿，謂說曰：『今與卿等賢才同宴於此，宜改名曰集賢殿。』因下詔改麗正書院為集賢殿書院。」(註一一)

原爲乾元院，後更號麗正殿書院，至此乃名集賢殿書院。集賢殿書院隸中書省，而中書省的職權，乃「凡制詔文章獻納，以授記事之官」。於是集賢殿書院之職掌：

「凡圖書遺逸，賢才隱滯，則承旨以求之。謀慮可施於時，著述可行於世者，考其學術以聞。凡承旨撰集文章，校理經籍，月終則進課於內，歲終則考最於外。」(註一二)

集賢殿書院的工作特性，於此敍述甚明，其必然收藏圖籍，但較之秘書省，則又完全不同了。集

賢書院所置官職：

「五品以上為學士，六品以下為直學士。宰相一人為學士，知院事。常侍一人，為副知院事。又置判院一人，押院中使一人。玄宗嘗選耆儒，日一人侍讀，以質史籍疑義，至是置集賢院侍讀學士，侍讀直學士，其後又增修撰官。」

又有：

「校書四人，正九品下。正字二人，從九品上。」(註一三)

根據上述資料，可知集賢殿書院的行政地位，工作內容，及擁有相當規模的書藏，不僅在當時，甚至在後世，都對之極爲重視。當然，由於隸屬中書，職掌必定不同於秘書，如果以當今圖書館的類型而言，更與相當於國家圖書館的秘書省，在任務上有所差異了。我們在討論這些圖書館的時候，其所肩負的任務，必須先求得適切的瞭解，否則要想正確地加以評析，是不可能的。因爲任務是圖書館經營的方針，圖書館的一切作爲，都是以任務爲依歸的。

崇文館：

「學士、直學士、學生二十人，校書二人，令史二人，典書二人，楷書手二人，書手十人，熟紙匠三人，裝潢匠五人，筆匠三人。學士掌東宮經籍圖書，以教授諸生。凡課授舉送，如弘文館。校書掌校理四庫書籍。」(註一四)

很明顯地，崇文館是東宮官屬。

「貞觀十三年，置崇賢館。顯慶元年，置學生二十人。上元二年，避太子名，改曰崇文館。有學士、直學士及讎校，皆無常員，無其人則庶子領館事。貞元八年，隸左春坊，有館生十五人，書直一人，令史二人，書令史二人，典書二人，搨書手二人，楷書手十人，熟紙匠一人，裝潢匠二人，筆匠一人。」(註一五)

左春坊也是東宮屬官。崇文館的官秩也低，校書才從九品下，故其雖亦為唐代典校經籍之處所，但較之秘書省、弘文館與集賢殿書院，自然無法相提並論。不過，東宮為太子所居，太子乃未來帝王之承位者，自必備受重視，而東宮之中，特別設立典存經籍之所，亦足見其用心，更證明了他們重視圖書典籍之為用，我國歷朝的圖書館事業，均能得到良好的發展機會，殆即由此而起，以研治中國圖書館史的角度而言，是頗為值得重視的。

## 圖籍徵集

唐代的書藏，當然不止上述四省，必然還有一些其他的場所，也有相當的藏書，不待一一贅述。至唐代圖書之聚散，現在簡略介紹如次：

「初隋嘉則殿書三十萬卷，至武德初有書八萬卷，重複相糅。王世充平，得隋舊書八千餘卷，太府卿宋遵貴監運東都，浮舟泝河，西致京師，經砥柱舟覆，盡亡其書。」(註一六)

舊唐書未詳細敍述，僅說「隋世簡編，最為博洽，及大業之季，喪失者多」。(註一七)但也有不同的記載：

「大唐武德五年克平偽鄭，盡收其圖書及古跡焉。命司農少卿宋遵貴載之以船，泝河西

上，將致京師。行經底柱，多被飄沒，其所存者十不一二，其目錄亦為所漸濡，時有殘缺。」（註一八）

宋遵貴史書無傳，而兩唐書均記王世充降在「武德四年」（註一九），隋志稱「五年」，誤。不過，唐初得之於隋代之遺書不多，則極爲明顯，不容置疑。是唐代以後豐富的書藏，都是他們自己努力所得的成果。這種典籍的徵集工作，高祖之時，便已開始。

「武德五年，（令狐德棻）遷秘書丞。……時承喪亂之餘，經籍亡逸，德棻奏請購募遺書，重加錢帛，增置楷書令繕寫。數年間，羣書略備。」（註二〇）

足見在高祖創業之初，便已注意及此。當然，唐代的盛世，以貞觀爲最，而太宗對圖書典籍的蒐存，亦極爲重視，成就亦最爲可觀。

「貞觀中，令狐德棻、魏徵相次為祕書監，請行募購，群書大備。」（註二一）

除了購募以外，也從事繕抄。

「貞觀中，魏徵、虞世南、顏師古繼為秘書監，請購天下書，選五品以上子孫工書者為書手，繕寫藏於內庫，以宮人掌之。」（註二二）

在印刷術發明以前，圖籍數量之增加，惟有出之於繕抄一途，故除去向民間購募以外，只有委由書手繕寫，而歷代書藏之增加，也多經由此種方式。根據當時參與或主持這些工作的人的有關記載，我們可以略見其熱烈的情況，和豐碩的成果。

「貞觀二年，（魏徵）遷秘書監，參預朝政，徵以喪亂之後，典章紛雜，奏引學者，核定四部書。數年之間，秘府圖籍，粲然畢備。」（註二三）

「太宗以去聖久遠，文字訛謬，令師古於秘書省考定五經，師古多所厘正，旣成奏之。太宗復遣諸儒重加詳議，于時諸儒傳習已久，皆共非之。師古輒引晉宋已來古今本，隨言曉達，援據詳明，皆出其意表，諸儒莫不歎服。於是兼通直郎散騎常侍，頒其所定之書於天下，令學者習焉。貞觀七年，拜秘書少監，專典刊正所有奇書難字，衆所共惑者，隨宜剖析，曲盡其源。是時多引後進之士為讎校。」（註二四）

這一段敍述，說明了兩點，一是過去的圖書館，在蒐藏之外，尤重刊正讎校。一是證明唐代秘書所藏，頗有「晉宋已來古本」，足見當時書藏，非僅量多，亦且質精。尤其晉宋以後，疊經戰亂，而晉宋古本，仍然見存，彌足珍貴。至歷代圖書館保存典籍文獻之功能，由此可以證明已充份發揮。太宗在位二十餘年，是唐初圖書館發展的黃金時代，成就可觀，可惜未見編著目錄，留傳後世。高宗之世，三十餘年，事功多在兵戎方面，疆界四拓，聲威遠播，達於顚峯，雖國內昇平，並無烽火，但於圖籍之事，持續發展而已，無多足供稱述者。及武周之時，情勢丕變，士風受挫，典籍蒐藏，自然受到影響。後來玄宗卽位，才掀起另一高潮。

「開元三年，左散騎常侍褚无量、馬懷素侍宴，言及經籍。玄宗曰：『內庫皆是太宗、高宗先代舊書，常令宮人主掌，所有殘缺，未遑補緝，篇卷錯亂，難於檢閱，卿試為朕整比

之。』至七年，詔公卿士庶之家，所有異書，官借繕寫。及四部書成，上令百官入乾元殿東廊觀之，無不駭其廣。」(註二五)

新唐書的記述更爲詳細。

「玄宗命左散騎常侍昭文館學士馬懷素為修圖書使，與右散騎常侍崇文學士褚旡量整比。會幸東都，乃就乾元殿東序檢校，旡量建議御書，以宰相宋璟、蘇頲同署，如貞觀故事，又借民間異本傳錄。及還京師，遷書東宮麗正殿，置修書院於著作院，其後大明宮光順門外、東都明福門外，皆創集賢書院，學士通籍出入。既而太府月給蜀郡麻紙五千番，季給上谷墨三百三十六丸，歲給河間景城清河博平四郡兔千五百皮為筆材。兩都各聚書四部，以甲乙丙丁為次，列經史子集四庫，其本有正有副，軸帶帙籤皆異色以別之。」(註二六)

馬懷素與褚旡量兩人，與玄宗的關係十分特殊，唐代的圖書館，也正因爲這個緣故而得到不多見的良好發展機會。

「馬懷素三遷秘書監兼昭文館學士，懷素雖居吏職，而篤學手不釋卷，謙恭謹慎，深為玄宗所禮，令與左散騎常侍褚旡量同為侍讀。每次閤門，則令乘肩轝以進。上居別館，以路遠則命宮中乘馬，或親自送迎，以申師資之禮。是時秘書省典籍散落，條疏無敘，懷素上疏曰：『南齊已前，墳籍舊編，王儉七志已後著述，其數盈多，隋志所書，亦未詳悉，或古書近出，前志闕而未編，或近人相傳，浮詞鄙而猶記。若無編錄，難辯淄澠，望括檢近

書篇目，並前志所遺者，續王儉七志，藏之秘府。』上於是召學涉之士，國子博士尹知章等分部撰錄，並刊正經史。」(註二七)

唐玄宗對馬懷素如此禮遇，而馬懷素個人雅好學術，重視典籍，乃促進了唐代圖書館事業的發展。我們研究圖書館史的人，每當發現過去的圖書館，都在如此情況下獲得發展機會的時候，一方面羨慕他們的機緣很好，一方面覺得這樣的發展基礎畢竟太脆弱了。我們對未來圖書館事業的前途，應該如何建立穩固的碁石，也可以作一次深入的考慮了。

「褚无量以內庫舊書，自高宗代卽藏在宮中，漸致遺逸，奏請繕寫刊校，以弘經籍之道。玄宗令於東都乾元殿前施架排次，大加搜寫，廣采天下異本。數年間，四部充備，仍引公卿已下，入殿前令縱親焉。開元六年，駕還，又勅无量於麗正殿以續前功。」(註二八)

「又詔秘書省，司經局、昭文、崇文二館，更相檢讎，采天下遺書，以益闕文。」(註二九)

這樣勤加蒐求繕寫，結果必然十分驚人。所以「百官入乾元殿東廓觀之，無不駭其廣」(註三〇)。這樣的圖書館經營的成果，在圖書館史上，理當大書特書。可是世事多變，好景不常，曾幾何時，辛勤所得，頓成烏有！

「安祿山之亂，尺簡不藏，元載為宰相，奏以千錢購書一卷。又命拾遺苗發等使江淮括訪。至文宗時鄭覃侍講，進言經籍未備，因詔秘閣搜採，於是四庫之書復完，分藏於十二庫。黃巢之亂，存者蓋尠。昭宗播遷，京城制置使孫惟晟斂書，本軍寓教坊於秘閣，有詔

還其書。命監察御史韋昌範等諸道求購及徙洛陽，蕩然無遺矣。」（註三一）

舊唐書記載得較爲清楚。

「祿山之亂，兩都覆沒，乾元舊籍，亡散殆盡。肅宗代宗崇尚儒術，屢詔購募。文宗時鄭覃侍講禁中，以經籍道喪，屢以為言，詔令秘閣搜訪遺文，日令添寫。開成初四部書至五萬六千四百七十六卷。及廣明初黃巢干紀，再陷兩京，宗廟寺署，焚蕩殆盡。曩時遺籍，尺簡無存，及行在朝諸儒購輯，所傳無幾。昭宗卽位，志弘文雅，秘書省奏曰：『當省元掌四部御書十二庫，共七萬餘卷。廣明之亂，一時散失，後來省司購募尚及二萬餘卷。及先朝再幸山南，尚存一萬八千卷。竊知京城制置使孫惟晟收在本軍，其御書秘閣見充教坊，及諸軍人占住。伏以典籍國之大經，秘府校讎之地，其書籍並望付當省，校其殘缺，漸令補輯，樂人乞移他所，並從之。及遷都洛陽，又喪其半，平時載籍，世莫得聞。」（註三二）

觀乎這一段唐代藏書滄桑史，讓我們覺得十分感慨，唐代享國近三百年，較之僅三十七年的隋代，實在大爲遜色。唐代承平時久，國用富足，聲威遠播，諸帝又皆崇尚儒術，重視典籍，羣臣之中，也不乏雅好經史之人，尤以當時文風鼎盛，迭有名家，而藏書之盛，竟不能與隋嘉則殿相比，眞乃令人不解。再環顧今日社會，工商發達，經濟起飛，知識爆炸，資料驟增，大家也都知道提高國民教育水準，加強資訊發展，是乃促進國富民樂的唯一途徑，而圖書館事業卻未見受到適當支援，毋乃同出一轍?!豈徒扼腕歎息而已哉?

## 編著目錄

唐代的圖書館，在典籍的蒐藏方面，既已簡略如上所述，也可以從中得知他們在發展圖書館事業上所作的努力，和所獲致的成就，以及在中國圖書館史上的貢獻。下文將對當時圖書典籍的整理工作，特別是目錄編著方面加以介紹。近代西洋目錄的發展，分類目錄已不受重視，因爲他們檢索資料的途徑很多，而且從分類的方向尋方資料，是較爲不方便的一種方法，原因是必須在檢尋目錄以前，先能辨清資料所屬的類別，再熟悉代表這一類目的標記，和分類的系統，甚至有時候圖書分類也不是完全依從學術分類，如此再三轉折，當然會造成檢索上的不便。因此，在他們的心目中，分類處理，往往只是用來確定圖書資料的排架次序而已，並無太多的其他意義。可是，我國傳統的目錄學，卻不是如此的。很久以來，目錄學家便秉持着「辨章學術，考鏡源流」的精神與態度，來從事這項工作，所以對分類十分重視。尤其從分類的義例之中，可以覺察他們對學術系統的確認，以及對某種學術價値的認定，和態度的表徵。也由於這個原故，在研究中國圖書館史的時候，編著目錄方面，也成爲受到相當重視的一部份，這正是我個人常常把它列入討論說明的原因。也許，從某一角度來說，圖書館員用這種方式與態度，來分類處理圖書資料，已脫離了客觀與科學的常軌。誠然，我們承認中國目錄學的這一特質，說得嚴重的話，也許是一點缺憾，但這是事實，如果不瞭解這一點，是無法認淸中國目錄學的。不過，若因此而賦與目錄更多的學術性，未始不是一件意外的收獲。目錄學能夠在圖書館學之外，獨立成爲一個專門的學科，原因也就在此。其實，我國在有圖書館學之前，早就有目錄學了。唐代在這一方面，成就最多，對後代的影響也最大。

我國分類目錄，七略首創其例，漢書藝文志承其後，發揚光大，確立了最早的分類系統。魏晉以來，鄭默荀勗，中經新簿，以至李充四部書目，而開四分義例。七志、七錄、七林，又與七分之法。其間雖曾一再變易，然輾轉相承，均有脈絡可尋。及於唐代，修撰隋書，有經籍一志，採四分法，以經史子集爲綱，更立小類，此後則垂傳久遠，一至於今，其影響之深，莫與倫比。

隋書經籍志，共四卷。在其總序之中，除列述圖書之聚散、分類之演變以外，亦敍隋志編撰之情形。

「今考見存，分為四部，合條為一萬四千四百六十六部，有八萬九千六百六十六卷。其舊錄所取，文義淺俗，無益教理者，並刪去之。其舊錄所遺，辭義可采，有所弘益者，咸附入之。遠覽馬史班書，近親王阮志錄，挹其風流體制，削其浮雜鄙俚，離其疏遠，合其近密，約文緒義，凡五十五篇，各列本條之下，以備經籍志。雖未能研幾探賾，窮極幽隱，庶乎弘道設教，可以無遺闕焉。夫仁義禮智，所以治國也；方技數術，所以治身也。諸子為經籍之鼓吹，文章乃政化之黼黻，皆為治之具也。故列之於此志云。」（註三三）

細讀上面這段文字，我們可以發現，隋志所收，雖云「今考見存」，但仍有增刪，而取捨之標準，則以治國、修身爲據。如果以今日圖書館經營的眼光與觀念來說，就有待商榷了，然以當時的情況而論，乃屬當然之事，不足爲怪。我們研究圖書館史的人，可以用現代的知識去瞭解他們，卻不可以用現代的標準去衡量他們。反過來說，他們雖對於典籍以主觀功能認定加以取捨，而有違科學的精神與態度，但他們能正面地肯定經籍之有用，卻是圖書館事業發達的基本條件。證之今日，更可以信之不誣。當今的圖書館，一般說來，書藏可說相當豐富，讀者也都承認，圖書資料的內容，是人類智慧的結晶，十分珍貴。可是他們卻鮮能從其中體會出有多少實際效益來，那麼進圖書館，就不是人人都覺得非去不可了。所以我們願意從另一角度去討論隋志增刪取捨的問題，不在斤斤計較取捨的做法與態度，而想多去捕捉一些取捨之間的涵義，和這種作爲的價值。反過來說，我們更因此而有一種感覺，那便是提昇我國圖書館經營的層次，除了加強現代化，實施自動化以外，如何將圖書館的功能充份發揮，而與社會的需求，眞正能密切地結合在一起，而不再僅是「學術研究」的資源，恐怕是值得深思熟慮的。

誠如上文所述，隋書經籍志是我國目錄學上的一大重鎭。遠紹七略漢志，近承王阮志錄，開後世四分獨尊之局，誠足可貴。隋志四部，經史子集，更立小類，經部十類，史十三類，子十四類，集部三類，後附道經、佛經。唐宋以後，四部分類，雖亦略見損益，然大勢已定，更動絕少，率皆倣效隋志。故隋志之分類，於中圖書館事業史言之，値得加以稱述。隋志經部乃承漢志六藝略之餘緒，脈絡極爲明顯。兩相比較，隋志多出緯讖一類。這是相當特殊的一個例子，因爲隋志首列的一部既稱爲經，那麼其內容自應以經爲範圍，而今竟以原屬七錄術伎錄，未併入子部之緯讖列入經部，本是難以自圓其說。惟一的理由，便是「班固列六藝爲九種，或以緯書解經，合爲十種」。(註三四) 以此而論，緯讖之列入經部，在其可以用之解經，其實在隋志經部緯讖類小序之中，敍之甚詳。

「易曰：河出圖，洛出書。然則聖人之受命也，必因積德累業，豐功厚利，誠著天地，澤被生人，萬物之所歸往，神明之所福饗，則是天命之應。蓋龜龍銜負，出於河洛，以紀易代之徵，其理幽昧，究極神道，先王恐其惑人，秘而不傳。說者又云孔子既敍六經，以明天人之道，知後世不能稽同其意，故別立緯及讖以遺來世。」

至於緯讖之受到重視，乃由於：

「王莽好符命，光武以圖讖興，遂盛行於世。漢時又詔東平王蒼正五經章句，皆命從讖，俗儒趨時，益為其學，篇卷第目，轉加增廣，言五經者皆憑讖為說。」

「唯孔安國毛公王璜賈逵之徒獨非之，相承以為妖妄亂中庸之典，故因漢魯恭王河間獻王所得古文參而考之，以成其義，謂之古學。當世之儒，又非毀之，竟不得行。魏代王肅推引古學，以難其義，王弼杜預從而明之，自是古學稍立。至宋大明中始禁圖讖，梁天監已後又重其制，及高祖受禪，禁之踰切，煬帝即位，乃發使四出，搜天下書籍與讖緯相涉者皆焚之，為吏所糾者至死。自是無復其學，秘府之內，亦多散亡。今錄其見存，列於六經之下，以備異說」。(註三五)

這一段文字，把緯讖之學興衰始末，說得十分明白，也敍述了所以列入經部之原由。在拙著「隋代的圖書館事業」一文中，(註三六)討論隋代經籍聚散經過的時候，也曾根據史籍的記載，說明緯讖被附會利用的情形，更指出他們後來焚禁緯讖的用心。總而言之，緯讖之學的興起，在長久儒家思想傳統之中，算是一支異軍突起，但是未能傳存久遠，是乃學術發展問題，本文不當置喙。不過，隋志將之列入目錄分類系統，是一件值得稱述的事。因爲破除崇儒尊經的嚴格範疇限制，在當時來說，是頗爲難得的。雖然，將緯讖歸入經部，引起後人很多爭論，以分類義例來說，也容有可議之處，可是隋志能獨樹一幟，是相當特殊的。以今日圖書館學觀點而論，尤見其意義。圖書館蒐存資料，不帶主觀色彩，不計學術立場，兼容並蓄，是很科學的態度，當今的圖書館，有些都沒有能把握住這種精神。

史部圖書分類，是隋書經籍志的最大貢獻。七略漢志，圖書六分，並無史書之部居，而附於春秋之末。(註三七)中經新簿，李充書目，雖已四分，但部類粗略，且今已無可考，故史書如何分類，迄無定論。迨乎七錄，有紀傳一錄，復分爲十二小類。(註三八)有國史、注曆、舊事、職官、儀典、法制、僞史、雜傳、鬼神、土地、譜狀及簿錄。隋志史部，則分爲正史、古史、雜史、霸史、起居注、舊事、職官、儀注、刑法、雜傳、地理、譜系、簿錄等十三小類。兩相比較，類名更易者，如國史改爲正史，僞史改爲霸史，儀典改爲儀注，法制改爲刑法，土地改爲地理，譜狀改爲譜系。七錄之注歷，隋志分爲古史與起居注；隋志又刪七錄之鬼神，而增加七錄所無之雜史。其餘舊事、職官、雜傳、簿錄等均沿襲未變。足見隋志受七錄影響之深，亦證明七錄在中國目錄學史上承先啓後的地位。而隋志以後，以迄四庫，甚少變易，是隋志之史書分類，應多加注意。內中最爲重要者，莫若正史一類。今日所謂二十四史，或者二十五史，均由此而來。四庫提要小序云：

「正史之名，見於隋志，至宋而定著十有七，明刊監板，合宋遼金元四史，為二十有一。皇上欽定明史，又詔增舊唐書，為二十有三，近蒐羅四庫，薛居正舊五代史得裒集成編，欽稟睿裁，與歐陽修書並列，共為二十有四，今並從官本校錄，凡未經宸斷者，則悉不濫登。蓋正史體尊，義與經配，非懸諸令典，莫敢私增，所由與稗官野記異也。」（註三九）

正史之所以爲正史，正史之所以受重視，於此均已敍之甚明。不過，從隋書經籍志創立正史一類，到四庫將正史的範圍嚴格加以界定，其間尙有一段相當曲折的演變。首先，我們應該認知，隋志正史，淵源於七錄國史，故隋志正史小序：

「古者天下諸侯必有國史以記言行，後世多務，其道彌繁。夏殷以上，左史記言，右史記事，周則大史、小史、內史、外史、御史分掌其事。而諸侯之國亦置史官。又春秋、國語引周志、鄭書之說，推尋事迹，以當時記事，各有職司，後又合而撰之，總成書記。」（註四〇）

這裏所顯示的，充份地證明了正史乃承國史之餘緒。但他們當時心目中的正史，只是「當世有著述，皆擬班馬，以爲正史」吧了。（註四一）其實這一說法也未必盡然，劉知幾史通正史篇中，所舉正史，亦包括編年與紀傳兩體，（註四二）不一定都是「擬班馬」的。後來逐漸演變，正史強烈含有正統之意。

「正史云云，又有當論述者，正統之說是也。隋志於正史之外，別有霸史。以霸匹正，則正言正統，霸言僭僞割據也。」（註四三）

這正符合四庫所言之義，至此正史的地位，也已無可動搖了。隋志所創正史一類，其響影所及，自廣義言之，固不僅於史學也，古所謂華夷之辨，今所重民族精神，在觀念基礎上，與此亦莫不相合，而在我國傳統文化中，特別具有豐富的意義。自中國圖書館事業史的角度而論，歷代圖書館員從事目錄編著，在應用功能之外，能有如此成就，是難能可貴的，於今固不足爲訓，但在圖書館的經營上，一方面蒐存人類智慧的結晶，一方面面對全體讀者大衆，除了要發揮「提供」與「傳播」和「服務」的功能，保障讀者的權利，還是不是有其他富有意義的工作可做？尤其是目錄的學術意義。如史部正史以次的其他小類，亦多能對後代目錄發生示範作用，影響可謂深遠。

隋志將諸子、兵書、數術、方技合爲子部，詩賦改稱集部，都成了衆所推重的典範。集部與漢志之詩賦略，內容完全一致。子部則相當複雜，但當初隋志何以將偌多大類併成一體，頗耐人尋味。隋志子部總序另有一番說辭。

「易曰天下同歸而殊塗，一致而百慮。儒道小說，聖人之教也，而有所偏。兵及醫方，聖人之政也，所施各異，世之治也，列在衆職。下至衰亂，官失其守，或以其業遊說諸侯，各崇所習，分鑣並騖。若使總而不遺，折之中道，亦可以興化政治者矣。漢書有諸子、兵書、方技之略，今合而敍之為十四種，謂之子部。」（註四四）

對「子」所下的定義，顯然是和漢志諸子略有出入的。

「諸子十家，其可觀者，九家而已。皆起於王道既微，諸侯力政，時君世主，好惡殊方，是以九家之術，蠭出並作，各引一端，崇其所善，以此馳說，取合諸侯，其言雖殊，辟猶水火相滅，亦相生也。仁之與義，敬之與和，相反而相成也。易曰天下同歸而殊塗，一致而百慮。今異家者，各推所長，窮知究慮，以明其指。雖有蔽短，合其要歸，亦六經之支與流裔。使其人遭明王聖主，得其所折中，皆股肱之材已。仲尼有言，禮失而求諸野。方今去聖久遠，道術缺廢，無所更索。彼九家者，不猶瘉於野乎。若能修六藝之術，而觀此九家之言，舍短取長，則可以通萬分之野矣。」（註四五）

從以上所述，可以發現一點，那便是在漢書藝文志之中，六藝與諸子之間，關係十分密切，且可以相互爲用，相輔相成。至於「兵及醫方，聖人之政也」，則不同了。漢志之中，也說得十分清楚。

「兵家者，蓋出古司馬之職，王官之武備也。洪範八政，八曰師。孔子曰，為國者，足食足兵。以不敎民戰，是謂棄之。明兵之重也。易曰古者弦木為弧，剡木為矢，弧矢之利，以威天下，其用上矣。後世燿金為刃，割草為甲，器械甚備。下及湯武受命，以師克亂，而濟百姓，動之以仁義，行之以禮讓，司馬法是其遺事也。自春秋至於戰國，出奇設伏，變詐之兵並作。漢興，張良韓信序次兵法，凡百八十二家，刪取要用，定著三十五家。諸呂用事而盜取之。武帝時，軍政楊僕，捃摭遺逸，紀奏兵錄，猶未能備，至於孝成，命任宏論次兵書為四種。」（註四六）

「醫經者，原人血脈經絡骨髓陰陽表裏，以起百病之本，死生之分，而用度箴石湯火所施，調百藥齊和之所宜。至齊之德，猶慈石取鐵，以物相使。拙者失理，以瘉為劇，以生為死。」（註四七）

「經方者，本草石之寒溫，量疾病之淺深，假藥味之滋，因氣感之宜，辯五苦六辛，致水火之齊，以通閉解結，反之於平。及失其宜者，以熱益熱，以寒增寒，精氣內傷，不見於外，是所獨失也。故諺曰：有病不治，常得中醫。」（註四八）

兵與醫方，別於諸子，於此可見。其他數術、方技諸類，均併入子部，或爲權宜之計，殆亦爲我國圖書分類之一大變革也。圖書館學界常流行一句話，圖書分類是依據學術分類，但圖書分類卻不可能完全遵照學學分類。換句話說，我們瞭解圖書分類，必須從學術分類入手；卻不可以要求圖書分類，死盯住學術分類，那也是不可能的。因爲，學術分類，是知識的，理論的；圖書分類，則是實際的，應用的。我們在講求圖書整理工作效益的時候，偶爾也不得不些微地犧牲一點點學術分類的原則，隋志子部便是一個典型的例子。同時，這中間也表徵了大家對學術的態度。由於時代的演變，學術的發展，所謂「子」的內涵，內容的界定，都有了不同，隋志子部應該就是在這種情況之下出現的。我們後人面對這些問題，可以檢討其得失，作爲我們自己處理的參考，而不必有太多的批評，因爲這種安排，一定有其背景的因素存在，何況這一分類系統沿用一千多年並未有任何的困難。

隋志的另一特點，是經史子集四部以外，附有道經及佛經。道教創於本土，佛教來自外方，然均爲儒者所不取。東漢以降，外僧來華，佛經日增，及至南朝，佛法更盛。道教初創以後，亦逐漸擴張，經錄雖不如釋典之多，然亦頗有可觀。拙著「漢代的圖書館事業」一文中，曾述及漢代宮廷中，亦有蒐存宗教經典之紀錄。(註四九)可是，東漢、魏晉南北朝以來，佛道經錄縱使日有增益，編著目錄，除專收佛經者外，則鮮有專設部類以居佛道者，受到相當「委屈」，也可見我國古代目錄主觀意識之強。惟阮孝緒七錄，開其先河。除內篇經典錄、紀傳錄、子兵錄、文集錄及術伎錄以外，有外篇佛法錄、仙道錄。七錄之前，王儉七志，亦曾收佛道經，惜未納入七志分類系統之內。正如七錄序所云：

「王儉七志，改六藝為經典；次諸子；次賦詩為文翰；次兵書為軍書；次數術為陰陽；次方技為術藝。以向、歆雖云七略，實有六條；故別立圖譜一志，以全七限。其外又條七略及二漢藝文志、中經簿所闕之書，並方外之佛經、道經，各為一錄，雖繼七志之後，而不在其數。」

可見七志由於當時留存的佛道經典，已經爲數不少，如不著錄，終覺遺憾，惟七志的分類系統，完全承襲七略漢志，六分以外，另加圖譜一志，而成爲七。佛道之書，已無部類可居，然列於附錄，於圖書分類言之，仍難免受「歧視」之嫌，當然較之過去被摒於目錄之外，總算是差強人意了。迨乎七錄，始創外篇，以居佛道，是一大進步。外篇之稱，固仍感「不平」，惟已列入分類系統之中，自屬難能可貴。七錄自序對此言之甚詳：

「釋氏之教，實被中土，講說諷詠，方軌孔籍，王氏雖載於篇，而不在志限，卽理求事，未是所安。故序佛法錄為外篇第一。仙道之書，由來尚矣。劉氏神仙，陳於方技之末；王氏道經，書於七志之外。今合序仙道錄為外篇第二。王則先道而後佛，今則先佛而後道；蓋所宗有不同，亦由其教有淺深也。」

不僅說明列佛道於七錄的原因，抑且斟酌佛道之先後次序，均能言之成理。這是我國目錄學上的一大成就，編製目錄，不分你我，不問門戶，是相當「現代化」的觀念。隋志承七錄之後，亦收佛道經典，凡道經三百七十七部，一千二百一十六卷。佛經一千九百五十部，六千一百九十八卷。(註五〇)有兩點值得注意：一是又回復到七志那樣，佛道又「淪」爲附錄。一是先道而後佛，不若七錄先佛後道，也是和七志一樣。關於前者，隋志云：

「道佛者，方外之教，聖人之遠致也。俗士為之，不通其指，多離以迂怪假託，變幻亂於

世，斯所以為弊也。故中庸之教，是所罕言，然亦不可誣也，故錄其大綱，附於四部之末。」（註五一）

這當然是一番辯解，足見當時仍有反對合理「待遇」佛道的主張，而且還可能相當激烈，不得不作如此的妥協：仍舊收錄，但以「附於四部之末」來處理。關於佛道之先後次序，阮孝緒七錄自序以乃「蓋所宗有不同，亦由其教有淺深也」，「實則因宋帝崇道，梁帝佞佛。」（註五二）所以王志先道而後佛，阮錄則先佛而後道，原來除了學術的觀點之外，還有政治的因素在內，在那時的社會，應該可以原諒的。此外，道佛經典之間，還彼此有一些特殊的關係存在著。

「事有無甚可記而又不得不記者，為道教及其目錄學。道之有教，因佛而興。道之有經，因佛而成。我國戰國時代本有老莊「清靜無為」之說，司馬談謂之道德家。漢初雖為文帝及淮南王所尊信，而未成宗教。迄後漢之末，佛經譯行，信者漸衆，乃有張陵受其暗示而創為五斗米教。兩晉之間，得博洽之葛洪為之充實，學理上之基礎遂立。及元魏太武帝寵任道士寇謙之，毀滅佛教，而道教大盛。南朝則有陸修靜廣集道經，見信於劉宋明帝。李唐援李耼為其始祖，愛屋及烏，高宗玄宗武宗先後咸崇道教。趙宋繼之，真宗徽宗尤為迷信。風聲所及，其教益振。後雖經元世祖之禁斷，亦無甚損傷。近世稍衰，而信徒之衆，猶亞於佛教。道經之造成，幾完全脫胎於佛經。而道士諱所自出，故弄玄虛，謬為教自義農，經出天宮之說」。（註五三）

這一段敍述極爲詳析。隋志先道而後佛，成書於李唐，殆爲最主要原因，是佛教雖較爲盛行，佛經亦多於道經，仍道先而佛後，且未作明確的解釋與說明。

唐代編撰成書的隋書經籍志，是我國目錄學上一大成就，它總結了過去目錄學上累積的果實，也開啓了未來目錄學發展的方向與途徑，更顯示了唐代從事圖書館事業的人所奉獻的心智和才力。前文曾經談過，以唐代享國如此之久，國勢如此之盛，而在圖書蒐存的工作上，並非顯得如何特出，可是他們在圖籍整理上，目錄編製上，有如此傑出的表現，仍舊是我國圖書館事業史上光輝的一頁。後人對隋志有很多的批評，這裏不擬加以介紹，因爲這屬於目錄學的範圍。不過，從圖書館史的觀點來說，這些批評，縱使是隋志的瑕疵，也不影響其貢獻。我們知道，圖書館的經營，本不可能有百利而無一弊的制度，也就是說，任何處置，都是利弊互見的，我們圖書館員所希望做到的，只是權衡輕重，充份發揮優點，盡量減少弊病而已。而由於某一時代圖書館員所作的處理，更可以看出他們心智中所綻放的花朵，和留給後代何等豐碩的果實。

唐代圖書館所編製的目錄，除了史志中最著名的隋書經籍志以外，其他的還有不少，內中以羣書四部錄及古今書錄最受後人重視，因爲這些目錄，不僅是義理與體例值得研究與檢討，更重要的，是內涵中顯示出不少他們在經營圖書館上的觀念，和他們所表達出來的精神。

羣書四部錄，二百卷，凡著錄五萬三千九百一十五卷，而唐之學者自爲之書，又二萬八千四百六十九卷，共得書八萬二千三百八十四卷，是一部內容相當繁富的目錄，只有四庫全書總目能與之比美，可惜久已不存。其分類多本隋志，無甚出入。最可貴者，是羣書四部錄中，凡所收之書，皆有敍錄，也是其他目錄所不及者。據史書所載羣書四部錄的由來：

「秘書監馬懷素集學者續王儉今書七志，左散騎常侍褚无量於麗正殿校寫四部書，事未就而懷素、无量卒，詔行沖總代其職。於是行沖表請通撰古今書目，名為羣書四錄。命學士鄠縣尉毋煚，櫟陽尉韋述、曹州司法參軍殷踐猷、太學助教余欽等，分部修檢，歲餘書成奏上，上嘉之。」（註五四）

這樣部帙巨大，體例完整的目錄，也只有政府支援方能成事。目錄之爲用，固有學術及應用兩方面，撇開學術功能不談，編製目錄，其於圖書館之經營，關係極大。當今之世，發展圖書館事業，使之與讀者相結合，編製一套完整合用的目錄，爲刻不容緩之事。揆諸歷史經驗，我們更希望政府能予以支援，否則必難以爲功。我們研究中國圖書館史，發現歷朝在這一方面的成就，實在不知不覺興起無限的感慨與愧疚。我們更醒悟到，凡是與創一番事業，希望有所進展，必須要經由正確的途徑，循序漸進，方能終底於成。如果急於求功，徒有表面的功績，是不能眞正持久的。

毋煚當初是參與編製羣書四部錄的一份子，可是他對於這部目錄卻不滿意。

「竊以經墳浩廣，史圖紛雜，尋覽者莫之能徧，司總者常苦其多，何暇重屋複牀，更繁其說。若先王有闕典，上聖有遺事，邦政所急，儒訓是先，宜垂教以作程，當闡規而開典。

則不違啓處，何獲晏寧。曩之所修，誠惟此義。然禮有未愜，追怨良深。于時秘書省經書，實多亡闕，諸司墳籍，不暇討論，此則事有未周一也。其後周覽人間，頗睹秘文。新集記貞觀之前，永徽已來不取，近書採長安之上，神龍已來未錄，此則理有未弘二也。書閱未徧，事復未周，或不詳名氏，或未知部伍，此則體有未通三也。書有缺目，空張第數，既無篇題，實乖標牓，此則例有所虧四也。所用書序，咸取魏文貞，所分書類，皆據隋經籍志，理有未允，體有不通，此則事實未安五也。昔馬談作史記，班彪作漢書，皆兩葉而僅成。劉歆作七略，王儉作七志，踰二紀而方就，孰有四萬卷目，二千部書名目，首尾三年，便令終究。欲求精悉，不其難乎。所以常有遺恨，竊思追雪，乃與類同契，積思潛心，審正舊疑，詳開新制，永徽新集，神龍近書，則釋而附也。未詳名氏，不知部伍，則論而補也。空張之目，則檢獲便增；未允之序，則詳宜別作，紕繆咸正，混雜必刊，改舊傳之失者三百餘條，加新書之目者六千餘卷。凡經錄十二家，五百七十五部，六千二百四十一卷。史錄十三家，八百四十部，一萬七千九百四十六卷。子錄十七家，七百五十三部，一萬五千六百三十七卷。集錄三家，八百九十二部，一萬二千二十八卷。凡四部之錄四十五家，都管三千六十部，五萬一千八百五十二卷，成書錄四十卷。其外有釋氏經律論疏，道家經戒符錄，凡二千五百餘部，九千五百餘卷，亦具翻釋名氏，序述指歸，又勒成目錄十卷，名曰開元內外經錄。」（註五五）

我們不擬在此討論古今書錄的義理和體例，牽涉到目錄學的範疇，而願意特別強調的，是這些一千多年以前的圖書館工作者，他們的精神，是何等的認眞；他們的態度，是何等的科學；他們的氣概，又是何等的宏偉！他們肯於參加官修目錄之外，又私自著述，而且敢於批評，求眞的意願，令人敬佩。所以，前文曾經提過，我們研究圖書館史，也兼及目錄的編製，不在探討目錄的本身，而在尋求這些圖書館員的精神與態度，這正是中國圖書館事業發展的特質，絕對不容忽視。唐代的其他目錄，本文不擬一一加以論列。

我國古代圖書館，於圖書蒐存及編著目錄以外，尙有一事值得補述，那便是校書。前文探討唐代圖書聚散之時，所引史料，亦多述及校書之事，玆不重覆引證。蓋印刷術發明之前，圖書留傳，惟賸抄之一途，而傳抄之間，必難免於舛誤，日久以後，異本自多，是歷代搜求圖書，各種版本，紛然雜陳，分類編目，必先校書，以求定本。故兩漢以來，多次校書，且多以典校並稱。唐代校書，較爲重要者，先後共有四次。第一期自太宗貞觀初至高宗永元元年，第二期自玄宗開元五年至天寶初，第三期爲德宗貞元年代，最後一期則在文宗開成年間。太宗高宗之時，參與其事者，有魏徵、虞世南、顏師古，後爲趙仁本、李懷儼、張文瓘，以至崔行功等，先後校書不絕，達四十七年之久，成就必然可觀。第二期玄宗開元校書，主要有馬懷素、褚無量、元行冲、盧僎、陸去泰、王繹從、徐楚璧、以及新唐書卷一百九十九馬懷素傳中所述尹知章等，達二十餘人之多。這是規模最大的一次，也許是由於玄宗的關係，能夠如此熱烈進行，而獲致可觀的成果。德宗時的劉太眞，文宗時的鄭覃，這兩次校書，自然無法與前二次相比。不過，這種校書工作，在當時來說，其貢獻眞是無法估量的。今天的圖書館員，當然不需要做這一類工作的，可能無法想像其重要性。試想傳抄的圖書，錯誤必多，所引起的不良影響，是何等的嚴重！歷朝的校書，自然不可能讓錯誤絕跡，但是經由校書而刊定正本，以廣流傳，其貢獻則是十分明顯的。尤其圖書館員校書，需要有相當程度的學術背景，更是對大家的一大考驗。我們願意在研究圖書館史的時候，特別提到校書工作，原因是多方面的，關係到圖書館功能的發揮，更是十分肯定的。

綜觀唐代圖書館事業，由於國勢強盛，承平較久，加之帝王支持，民間文風又盛，確有相當成就。可惜，書藏之中，仍以官府者爲主，私家藏書，雖亦逐漸增加，然究竟藏書之人不多，所藏之書亦不多。殆由於竹簡謙帛，均非易得，雖蔡倫造紙以後，逐漸普遍，但印刷尙未發明，書籍難以大量增加，是史書之中，縱屢有私家藏書之記載，終不若官府書藏之可觀。不過，從另一個角度來說，唐代的私家書藏，確已足夠使中國圖書館史呈現了一個新的局面。如李泌起書樓，積書三萬餘卷。且用紅綠青白四色牙籤，分辨經史子集。蘇弁亦聚書至二萬餘卷，皆手自刊校。柳公綽亦家藏書萬卷。每書三本，色彩華麗者鎭庫，次者長行披覽，又次者供後生子弟爲業，其珍視可見。吳兢家聚書頗多，嘗目錄其卷第，號吳氏西齋書目。韋述家聚書二萬卷，皆自校定鉛槧，雖御府不逮也。兼古今朝臣圖歷代知名人畫。魏晉已來，草隸眞跡數百卷；古碑古器，藥方格式，錢譜璽譜之類，當代名公尺題，無不畢備。以上所舉，不過犖犖大者，其他收藏，亦必仍多，但由此以觀，已足見唐代私家書藏之成長，發展相當迅速，詳情容日後再加考證。在我國圖書館史中，私家書藏，雖非主流，然而在圖書館事業的發展之中，仍舊是值得重視的，因爲與官府藏書，互補有無，相得益彰，使我國圖書館的經營之中展現了更多輝煌的史頁。

**【附註】**

註　一：舊唐書卷四十三　職官志二
註　二：同上註
註　三：新唐書卷四十七　百官志二
註　四：舊唐書卷四十二　職官志一
註　五：舊唐書卷四十四　職官志三
註　六：同上註
註　七：同註一
註　八：同註三
註　九：同註三
註　十：舊唐書卷八　玄宗本紀
註一一：舊唐書卷九十七　張說傳
註一二：同註三
註一三：同註三
註一四：舊唐書卷四十四　職官志三

註一五：新唐書卷四十九上　百官志四上
註一六：新唐書卷五十七　藝文志
註一七：舊唐書卷四十六　經籍志上
註一八：隋書卷三十二　經籍志一
註一九：舊唐書卷一高祖本紀　新唐書卷一高祖本紀
註二〇：舊唐書卷七十三　令狐德棻傳
註二一：舊唐書卷四十六　經籍志上
註二二：新唐書卷五十七　藝文志
註二三：舊唐書卷七十一　魏徵傳
註二四：舊唐書卷七十三　顏籀傳
註二五：舊唐書卷四十六　經籍志上
註二六：新唐書卷五十七　藝文志
註二七：舊唐書卷一百二　馬懷素傳
註二八：同上註　褚無量傳
註二九：新唐書卷二百　儒林傳下　褚無量傳
註三〇：舊唐書卷四十六　經籍志上
註三一：新唐書卷五十七　藝文志
註三二：舊唐書卷四十六　經籍志上
註三三：隋書卷三十二　經籍志一
註三四：同上

註三五：同上
註三六：盧荷生　隋代的圖書館事業　輔仁學誌第十三期
註三七：漢書卷三十　藝文志
註三八：廣弘明集卷三
註三九：四庫全書總目卷四十五
註四〇：隋書卷三十三　經籍志二
註四一：同上
註四二：劉知幾　史通正史篇
註四三：章炳麟　史學略說
註四四：隋書卷三十四　經籍志三
註四五：漢書卷三十　藝文志
註四六：同上
註四七：同上
註四八：同上
註四九：盧荷生　漢代的圖書館事業　輔仁學誌第十二期
註五〇：隋書卷三十五　經籍志四
註五一：同上
註五二：姚名達　中國目錄學史宗教目錄篇
註五三：同上

註五四：舊唐書卷一百一　元行冲傳

註五五：舊唐書卷四十六　經籍志上

# 宋代的圖書館事業

趙宋承五代之後，一統天下，享國三百廿年（西元九六〇年至一二七九年），成爲國史上僅次於兩漢的第二個長久的朝代。一般的說法，宋代重文輕武，應該在文化事業，特別是典存經籍的圖書館事業上，有所成就。其實，趙宋輕武則有之，重文則未必。趙匡胤出身軍旅，掌管禁兵，終陳橋兵變，取代後周，以建政權。立國之初，即刻意貶抑將領，收掌兵權，惟恐有人起而效尤，武裝奪取帝位。是杯酒釋兵權，改革兵制，先後實施，終兩宋之世，對掌握兵權的軍人，均心常戒懼，深恐其一旦坐大，尾大不掉。宋史上這一類事例，多得不勝枚舉。這恐怕是趙宋的祖傳家訓，也是先天的心理因素所造成的。趙氏既不敢依靠軍人，也爲了抑制軍人，只有抬出尊重文人的招牌來了。其實，他們也未見得眞的重文，因爲宋史上很少發現帝王放手讓文臣眞的掌權的故事，甚至有時還故意用監察御史，或者太學生，挫折相權，不肯讓相權充份發揮。只是，趙宋在表面上，一直擺出重文的架勢，讓人產生一些錯覺，認爲他們輕武，是爲了重文。也許就由於這一點因緣，宋代的圖書館事業，曾經得到不錯的發展機會。可是也正由於這一點原因，宋代的圖書館事業，並沒有留下應該創造的輝煌史頁，十分可惜。

趙宋典掌圖籍之任務，仍由祕書省肩負。

「祕書省、監、少監、丞各一人，監掌古今經籍圖書、國史實錄、天文歷數之事。少監為之貳，而丞參領之。其屬有五：著作郎一人，著作佐郎二人，掌修纂日歷。祕書郎二人，掌集賢院、史館、昭文館、祕閣圖籍，以甲乙丙丁為部，各分其類。校書郎四人，正字二人，掌校讎典籍，判正訛謬，各以其職，隸於長貳。惟日歷非編修官不預。歲於仲夏曝書，則給酒食費，尚書、學士、侍郎、待制、兩省、諫官、御史並赴。遇庚伏則前期遣中使諭旨，聽以早歸。大典禮則長貳預集，議所以待遇儒臣，非他司比，宴設錫予，率循故事。」（註一）

從上面這一段記載，我們可以瞭解宋代祕書省的職掌，一如往昔，均以典管典籍爲主。而朝廷任官，各有專職，十分清楚。至帝王對於祕書省業務之重視，宴設錫予，尤爲優禮。這些都是前代史書中沒有過的詳盡記載，足證宋代祕書省的地位，沒有改變。宋太祖建隆以後，均行合班之制，祕書監及少監，列序皆高，更可以爲證。我們研究中國圖書館史的時候，一直很注意掌理全國典存圖籍業務的機構，想從這些地方找出各朝代對此項業務的重視程度，例如掌理機構的行政地位，官員的職等，都足以影響圖書館事業的發展。宋代在這一方面，仍然保持東漢以來的傳統，那麼發展的成就，就端視當時主其事的人了。

## 藏書處所

宋代主要經籍，雖在祕書省，但當時書藏的所在，卻頗爲不少。有些是經常性從事典籍的蒐存工作，有些則是爲收藏某些特定的資料而設置的。實在說起來，趙宋一代，由於立國的背景較爲特殊，很多地方均無定制，而任憑一時的決定，就從事興革。爲便於瞭解宋代圖書館事業的發展，謹將宋代主要的藏書所在，加以簡略扼要的介紹。

**崇文院**，是宋代最主要的書藏所在。崇文院的出現，實在是由於帝王個人的意願，很偶然的狀況下形成的。所以，崇文院在官制上並無地位，純粹是收藏典籍場所的名稱而已。

「建隆初，三館所藏書僅一萬二千餘卷。及平諸國，盡收其圖籍，惟蜀、江南最多。凡得蜀書一萬三千卷，江南書二萬餘卷。又下詔開獻書之路，於是天下書復集三館，篇帙稍備。自梁氏都汴，貞明中始以今右長慶門東北小屋數十間為三館，湫溢纔蔽風雨，周廬徼道，出於其側，衛士騶卒，朝夕喧雜，每諸儒受詔，有所論譔，即移於他所，始能成之。上初即位，因臨幸周覽，顧左右曰：『若此之陋，豈可蓄天下圖籍，延四方賢俊耶？』即詔有司度左升龍門東北舊車輅院，別建三館。命中使督工徒，晨夜兼作，其棟宇之制，皆親所規畫。自經始，至畢功，臨幸者再，輪奐壯麗，甲于內庭。二月丙辰朔，詔賜名為崇文院，西序啓便門，以便臨幸，盡遷舊館之書以實之。院之東廊為昭文書，南廊為集賢書，西廊有四庫，分經史子集四部為史館書。六庫書籍，正副本凡八萬卷，策府之文，煥乎一變矣。」（註二）

由上述可知，崇文院是宋太宗一手所成的，最難得的，是他對於崇文院的關心，從親自規畫，命中使督工，再三臨幸，而能讓崇文院「甲於內庭」，更加難能可貴。但是，有兩點值得注意。一是崇文院落成以後，所藏典籍，係由昭文、集賢、史館三者遷移而來，更特別的，是三館之圖籍，移置崇文院之後，仍分別存放，而未曾混一，足見崇文院係一典藏之處所，並非合併三館而成，故崇文院之官職，鮮見於職官志。二是三館均各有其不同的歷史之淵源，創建於過去，又分隸不同官府，各有不同職守，（註三）故難以合併。宋太宗修建崇文院的動機，也是由於他臨幸三館，感於簡陋不堪，覺得「豈可蓄天下圖籍，延四方賢俊」，所以他的目的是雙重的，除了典守全國圖籍以外，更有符合昭文、集賢兩者任務之需要，使羣儒受詔，有所論譔，均易於完成。是崇文院非一般的圖書館，其理甚明。另外，宋太宗要崇文院「西序啓便門，以便臨幸」，特別令人覺得有趣，因爲帝王有意利用圖書，是他能熱心圖書館事業的基本動力。因著這因素，促成宋代圖書館事業的發展，研究圖書館史，最樂於能尋繹出此間的因果關係。這一建築宏偉、收藏豐富的崇文院，不幸於眞宗大中祥符八年榮王宮的一場火災，延燒殆盡，四十年的辛苦經營，付之一炬，殊爲可惜。其後雖擇地再建，或原地重修，均已無法恢復舊觀矣。（註四）不過，崇文院是宋代早期最主要的圖書館所在，則是不容置疑的。

龍圖閣：

「大中祥符中建，在會慶殿西偏北，連禁中閣，東曰資政殿，西曰述古殿，閣上以奉太宗御書、御製文集、及典籍圖畫寶瑞之物，及宗正寺所進屬籍世譜。有學士、直學士、待

制、直閣等官。」（註五）

**天章閣：**

「天禧四年建，在會慶閣之西，龍圖閣之北。明年仁宗卽位，修天章閣畢，以奉安真宗御製，東曰羣玉殿，西曰蘂珠殿，南曰延康殿，內以桃花文石為流桮之所，以在位受天書祥符改曰天章，取為章于天之義……中興後，圖籍符瑞寶玩之物，若國史宗正寺所進屬籍，獨藏於天章閣，祖宗御容，潛邸旌節，亦安奉焉。」（註五）

**寶文閣：**

「在天章閣之東西序，羣玉蘂珠殿之北，卽舊壽昌閣。慶曆改曰寶文，嘉祐八年英宗卽位，詔以仁宗御書御集藏于閣，命王珪撰記立石。治平四年神宗卽位，始置學士、直學士、待制，恩賜如龍圖。英宗御書附于閣。」（註五）

**顯謨閣：**

「元符元年，曹布、鄧洵仁各申請建閣，詔翰林學士、中書舍人撰閣名以聞，遂建閣藏神宗御集，以顯謨為名，徽宗建中靖國元年，詔以顯謨閣為熙明閣，仍置學士、直學士、待制。續奉旨仍以顯謨為額。」（註五）

**徽猷閣：**

「大觀二年初建，以藏哲宗御集。」（註五）

敷文閣：

「紹興十年置，藏徽宗聖製。」（註五）

煥章閣：

「淳熙初建，藏高宗御製。」（註五）

華文閣：

「慶元二年置，藏孝宗御製。」（註五）

寶謨閣：

「嘉泰二年置，藏光宗御製。」（註五）

寶章閣：

「寶慶二年置，藏寧宗御製。」（註五）

顯文閣：

「咸淳元年置，藏理宗御製。」（註五）

祕閣：

「國初以史館、昭文館、集賢院為三館，皆寓崇文院，太宗端拱元年，詔就崇文院中堂建祕閣，擇三館真本書籍萬餘卷，及內出古畫墨跡藏其中。」（註五）

其他如大內後苑之太淸樓，亦藏有太宗聖製御書，爲數亦夥。以教授經術爲職的國子監，亦自藏有圖籍，及至所謂監本刊行之後，書藏更爲增加。再有諸帝聽政的殿堂之中，亦屢有藏書的記載，無法一一備述。綜觀以上所記，我們可以發現幾點事實，都對宋代圖書館事業產生相當的影響。譬如宋代的書藏，除去沿襲過去的傳統，有所謂的三館以外，興建了很多典藏圖籍，特別是「聖製御書」的「閣」，眞是洋洋大觀，令人嘆爲觀止。所以就量而言，宋代幾乎超越了圖書館史上任何一個時期，後來沒有一個朝代的書藏有如此之多。照說，這應該可以作爲推斷宋代全部書藏能夠多過前代，和在圖書館事業上獲有更多成就的理由。事實上則未必盡然，有時甚至造成相反的結果。我國的圖書館，自古代以來，卽各隸不同的政府部門，職守雖然互異，但分工合作，全國書藏的量與質亦均逐漸發展，而臻於佳境。東漢以後，置祕書監，全國的圖書館業務，統籌規劃，對圖書館事業的促進發展，是有相當助益的。一直至唐末五代，都保持著這一態勢，而未嘗中斷。趙宋立國，首將三館集中於崇文院，縱使未將三館合併，亦與原來的情況有所不同，終至失去三館的固有特性。加之後來增建館閣，更造成宋代圖書館事業發展的歧離現象，這些閣內所藏圖籍，頗有一點像目前常見的紀念圖書館，可是收藏的內容，也兼及其他一般的典籍。多頭發展，勢難協調，影響進步，自然難免。因此，從圖書館事業史的觀點來說，我們並不能同意館閣的數量加多，卽表徵著圖書館事業發達的看法。至於「祕書省雖有職官，而無圖籍」（註六）的說法，更證明宋代的圖書館事業，因事權分割而造成的怪異現象，其所產生的影響，自然不難想像。由於這一點，讓我們聯想到，發展圖書館事業，建立制度，整體規劃，是何等的重要，也是我們要走的方向。

宋代廣置館閣，藏書也隨著增加，帝王及羣臣也曾作過多次努力，可惜國運不振，頻遭外患，內政也不上軌道，這些書藏，終難逃厄運。當然，宋初的藏書，是十分不理想的，因爲承五代之後，數十年間干戈爲禍，圖籍幾全毀於戰火，而蕩然無存。

## 圖籍徵集

「歷代之書籍，莫厄於秦，莫富於隋唐。隋嘉則殿書三十七萬卷，而唐之藏書，開元最盛，為卷八萬有奇，其間唐人所自為書幾三萬卷，則舊書之傳者，至此蓋亦鮮矣！陵遲逮於五季，干戈相尋，海寓鼎沸，斯民不復見詩書禮樂之化，周顯德中始有經籍刻板，學者無筆札之勞，獲覩古人全書。然亂離以來，編帙散佚，幸而存者，百無二三。宋初有書萬餘卷……。」（註七）

「宋建隆初，三館有書萬三千餘卷。」（註八）

這就是宋代最早的書藏，也是一件可以充份理解的事實。宋代書藏的背景，是十分特殊的，誠如上文所說，隋代三十七萬卷，唐代開元最盛，也不過八萬有奇，及至戰禍興起，兵災不斷，兩京藏書，幾乎無存。唐亡以後，是爲五代，五十四年間，朝代更替，最長的後梁，也只有十七年，而最短的後漢，只有四年而已。試想當時這種局勢，希望從事文化事業，發展圖書館事業，眞乃不可思議。不過，其間若後唐莊宗，後漢隱帝，後周世宗等亦皆曾努力聚書，效果不彰，應屬意料中事，但其精神，已相當可佩。至於南唐等國，頗有成就，收爲宋代書藏，那是後來的事了。

趙宋立國之初，書藏不豐，實非意外。

宋代聚書，自太祖始，主要來源有二：得亡國之書與主動召募。宋太祖陳橋兵變、黃袍加身之時，十國之中，尚存南唐、吳越、南漢、後蜀、荆南、北漢六者。太祖在位十六年，先後滅荆南、後蜀、南漢及南唐。所得亡國之書，雖非十分可觀，但較之原有書藏，可謂相當宏富也矣。可是，從圖書館事業史的觀點而言，我們較不重視從這一來源所得的圖籍，因爲他們所費心力不多，亡人之國，得人之書，充其量未曾加以毀壞而已，比之主動召募，辛勤徵集，勞心費財，方有所得，差之遠矣。所謂事業，其精神上的層次，難能可貴者，也就在此。宋太祖首先平定荆南，時在太祖乾德元年，「盡收其圖書，以實三館」，(註九)但究竟收到了多少圖書，則史書缺載，後人不得而知。荆南立國四十年，歷經四主，除高季興在位較久，先後廿四年以外，其餘均極短促，不足以成事。史籍未及數量，似乎可以相信必然不多，否則應該有所說明。太祖在平定荆南以後兩年，也就是乾德三年，平定了後蜀。後蜀立國不及荆南，僅有三十二年，但是後蜀在我國書史上有特殊地位，故宋代得之於後蜀的圖籍，較之其他江南諸國，更有其不同之處。我國雕板印刷，究竟始於何時，大家的說法頗不一致，史册亦無明確記載。但是中唐之時，已有印書之事，唐末五代，更加普遍，則是不容置疑的。後蜀宰相毋昭裔，年幼家貧，喜讀書，向人借閱，未克如願，內心發憤，異日若貴，當板以鏤之遺者。後來果然以私人財力，從事雕板印書。

「昭裔性好藏書，在成都令門人句中正、孫逢吉書文選、初學記、白氏六帖鏤」。(註一〇)

他又勸蜀主雕印九經，這與後唐長興三年馮道請令國子監校正九經，刻板印賣，前後互相比美。及至平定後蜀，又收其圖籍。

「遣右拾遺孫逢吉往收其圖籍，凡得書萬三千卷」。（註一一）

一萬三千卷，雖非如何宏富，但已相當可觀，其背景因素，更是十分明顯。更有趣的，是毋昭裔的後人，也受到他們祖先刻書的恩惠。

「守素（昭裔之子）齎至中朝，行於世。大中祥符九年，子克勤上其板，補三班奉職」。（註一二）

眞是始所未料及的。太祖開寶四年，平定南漢，南漢劉氏立國五十五年，地處南海，在十國之中，堪稱上乘，但國亡之時，未見有圖籍爲宋所得之記載，出人意表。最後一個爲太祖所滅的國家，是在開寶八年的南唐。南唐李氏雅好文學，刻意蒐求，典藏頗豐。故其立國雖僅三十九年，但所藏不僅量多，而日質精，對後世尤多貢獻。一般的記載都說：

「開寶九年，江南平，命太子洗馬呂龜祥就金陵籍其圖書，得二萬餘卷，送史館。」（註一三）

那是在平定李唐的次年，才有這樣的記載。其實，當曹彬平定江南之時，已採取收存圖籍的行動。

「申嚴禁暴之令，士大夫賴彬保全，各得其所。親屬為軍士所掠者，即時遣還之。因大蒐

於軍，無得匿人妻女。倉廩府庫，委轉運使許仲宣，按籍檢視，彬一不問。師旋，舟中惟圖籍衣衾而已。」（註一四）

那是在開寶八年十一月乙未（二十七日）的事，而「令太子洗馬河東呂龜祥詣金陵籍李煜所藏圖書送闕下」，（註一五）是在開寶八年十二月辛丑（初三日），所以在次年春天才將二萬多卷圖書運回。至於曹彬所運圖籍，史書記述不多，恐怕是由於數量少，且非有計劃的行動，但卻是最早得之於南唐的一批書，則不容置疑。相傳南唐所藏，品質極精，是因爲李煜本人即雅好此道之故。後來有一段記載可作證明。

「太宗嘗幸崇文院觀書，召煜及劉鋹令縱觀，謂煜曰：『聞卿在江南好讀書，此簡策多卿之舊物，歸朝來頗讀書否？』煜頓首謝。」（註一六）

可見李唐書藏之歸宋，對當時崇文院來說，是十分重要的。不過，李唐所藏圖籍之中，有多少被北運，而免於戰火損燬？據說後主於城破國亡之前，曾囑人予以焚之，毋使散佚。果如此，則曹彬與呂龜祥必然無所獲矣，而史籍之中，證據確鑿，足見並未如李煜所言，完全焚燬。再說，如果眞的焚燬了一些的話，而後來所殘留的一部份，仍然有二萬多卷，品質又如此精良，反證一下，李唐的全部蒐藏，眞是不可思議！我們對北宋太祖時期，能有機會亡人之國，又能蒐人之書，覺得十分幸運。當然，除了得到一批亡國之書以外，它曾主動地從事訪求過，乾德四年閏八月，曾詔求遺書。

「詔求亡書，凡吏民有以書籍來獻者，令史館視其篇目，館中所無，則收之。獻書人送學士院試問吏理，堪任職官，具以名聞。是歲三禮涉弼、三傳彭幹、學究朱載，皆應詔獻書，總千二百二十八卷，命分置書府，賜弼等科名。」（註一七）

這一次徵募圖書，結果不太理想，比之江南亡國之書，亦相形見拙，但總是趙宋最早一次主動向民間募求，自然具有相當的意義。

十國之中，亡於太宗之時者，有吳越及北漢。吳越地處兩浙，享國七十二年，江南物產豐富，人文鼎盛，錢氏亦好藝事，所藏圖籍，應不在少數，但其與趙宋之間，關係極爲特殊，雖說是在太宗太平興國三年方始「歸朝」，其實在太祖之時，即已事實上受宋之掌握，而與其他諸國的情勢完全不同。故其在「歸朝」以後，爲趙宋所收之圖籍，究竟有多少，史書均略而不提，殆與此種關係有關。至於北漢，立國太原，先後廿九年。

「劉崇自周廣順元年稱帝，歷四主廿九年而亡，繼元性殘忍，在太原凡臣下有忤意，必族其家。」（註一八）

這樣的政局，要是說希望在圖籍蒐存上有多大成就，恐怕是不可能的。所以，雖曾「命左贊善大夫雷德源入城，點檢書籍圖畫」，（註一九）可是卻未提成果多少，想必是不到受重視的程度。總之，宋太宗聚書，得之於亡國者不多，那麼便只有靠自力更生了。

「太宗在位二十二年，其得亡國之書者二，求遺佚之書者四，又搜訪先賢墨跡，不遺餘

力，此於館閣之藏，影響至巨。……據此，則北宋初期館閣所藏之富，其功屬之太宗，當無疑義。」（註二〇）

北宋一祖八宗，太祖時天下尚未一統，軍事行動不斷，國基亦未見十分穩固，圖籍之事，自然是重視不足，效果不會太好，應是意料中事。眞宗以後，外患頻仍，遼金先後南下，國無寧日，以後諸帝，雖曾亦從事圖書徵募，但成效不理想，是可以理解的。故縱觀北宋史實，惟太宗一朝，自吳越歸朝，北漢平定之後，可以說得上是昇平盛世，其間兩次征遼失利，確也引起不小震撼，然而大體說，太宗是北宋難得的太平時段，應該是沒有疑問的。太宗在圖籍蒐求上有較多的成就，時代背景是極爲重要的因素。太宗在太平興國二年、六年及八年徵募先賢墨跡，太平興國六年徵求醫書，雍熙元年、淳化四年、至道元年，先後發動圖籍的徵募工作，二十二年間有如此作爲，是相當難能可貴的。可惜，這幾次徵募圖籍，根據史書的記載，都未曾詳述其成果，殆由於不圓滿理想之故，至少沒有達到值得筆之於史策的程度，實在令人扼腕！因爲，宋代在我國歷史上，也是相當重要的一個時期，而且特別是學術思想較爲發達的時期，但在圖籍蒐存上卻如此鮮有成就，眞是不可思議！從圖書館事業史來說，更加值得探討。當初，太宗在徵募圖書的時候，所採取的手段，也和歷朝以來一樣，給予厚賞，或畀以官爵，照說應該可以達到預期的目標，結果卻不然，可能與當時的環境背景有關。長期戰亂，民間書藏，多遭波及；動盪不安，世風敗壞，不重學術，自然影響到圖籍的徵募工作。從這些觀點來看，我們可以發現一點，那便是圖書館事業的發展，除了要靠主其事者的心思與努力以外，還需要其他條件配合，然後才會有較高的成就。環境不理想，圖書館員所需要付出的心力，就必得更多了。

眞宗以後，圖書徵募工作，雖然出於諸帝的崇尚儒術，也曾先後進行，可惜效果均未見良好。據說眞宗之時，曾向王溥家中借書傳寫。

「太祖平吳蜀，（註二一）所獲文史副本，分賜大臣，溥好聚書，至萬餘卷，貽孫（溥之子）遍覺之。又多藏法書名畫。」（註二二）

政府向民間借鈔館閣所無之圖籍，可謂用心良苦。咸豐四年十月，主客司員外郎李建中認爲：

「太清樓羣書，恐有謬誤，請選官重校，上因閱書目，見其闕者尚多，仍詔天下購館閣遺書，每卷給千錢，及三百卷者，當重材錄用。」（註二三）

眞宗詔書述之甚詳。

「國家設廣內石渠之宇，訪羽陵汲冢之書，法漢民之前規，購求雖至，驗開元之舊目，亡逸尚多，庶墜簡以畢臻，更懸金而示賞，式廣獻書之路，且開興進之門，應中外臣庶家有收得三館所少書籍，每納到一卷給千錢，仰制館看詳，委是所少之書及卷帙，別無違礙，方得收納。其所進書如及三百卷已上，量材試問與出身酬獎，如或不親儒墨，卽與班行內安排。宜令史館鈔出所少書籍名目，於待漏院張掛，及遣牒諸路轉運司嚴行告示，中太平興國之詔也。且令杜鎬、陳彭年因其時編整籤袠，區別真僞，仍令宋綬、晏殊參之。又命

三司使丁謂及李宗諤搜補遺闕。」（註二四）

這是傳統式的帝王徵募圖書方式，大家無非都是以優賞及任官兩種途徑，誘取民間私藏圖書，結果如何，端視客觀環境及執行是否認眞而定了。研究圖書館史，往往會發現一種事實，那便是採用同一的步驟與措施，結果則未必相同。我國目前圖書館事業，較之先進國家，自然落後一段距離，所以在我們力求迎頭趕上的時候，常會擷取他人長處加以效法，恐怕必須多考慮這一層，一定要在「學習的」過程中，針對自己的條件，作適度的調協，才會獲致更好的效果。獻書的努力，雖略有收穫，不幸的遭遇，卻隨之發生，大中祥符八年四月壬申：

「崇王元儼宮火，自三鼓至翌日停午乃止，延燒內藏左藏庫、朝元門崇文院，秘閣」。（註二五）

「王宮火延及崇文秘閣，書多煨燼，其僅存者遷於右掖門外，謂之崇文外院，命重寫書籍，選官詳覆校勘，常以參知政事一人領之，書成歸於太清樓。」（註二六）

多年的徵募，竟乃燬於一旦，後來諸帝，如仁宗景祐、嘉祐、神宗熙寧、徽宗崇寧、大觀、政和、宣和年間，均曾下詔求書。一方面是此時的北宋，已深爲外患所擾，一方面崇文院火災，使北宋書藏元氣大傷。故其間臣民獻書者，頗不乏人，因此而任官獲賞者，亦大有人在。但當時到底有多少藏書呢？

「嘗歷考之，始太祖太宗真宗三朝，三千三百二十七部，三萬九千一百四十二卷。次仁英兩朝，一千四百七十二部，八千四百四十六卷。次神哲徽欽四朝，一千九百六部，二萬六千二百八十九卷。三朝所錄，則兩朝不復登載，而錄其所未有者。四朝於兩朝亦然，最其當時之目，為部六千七百有五，為卷七萬三千八百七十有七焉。」（註二七）這個數字，比之盛唐，當然不及，較之隋代，更瞠乎其後矣。可惜這一書藏，終又毀於靖康之難。金人南下，汴京城破，二帝北擄，王宮所藏，掠之以去，圖籍典册，難以倖免。此外，戰火燬損，已不在小數，倉皇避難，亦無暇顧及，北宋書厄，莫此爲甚！研究圖書館史，帝王不熱心圖籍之徵募者，已足以令人嘆息，天災戰禍，損及書藏，更何止扼腕！

南渡以後，自高宗，迄衞王昺，先後共一百五十三年，歷經九帝，以理宗在位四十年最久，高宗三十六年，寧宗三十年，孝宗廿七年，其餘諸帝，則爲時甚短。徵募圖籍的工作，當然也只可能在這些時段裏進行，或者進行起來才有效果。

「迨夫靖康之難，而宣和館閣之儲，蕩然靡遺。高宗移蹕臨安，乃建秘書省於國史院之右，搜訪遺鈌，屢優獻書之賞。於是四方之藏，稍稍復出，而館閣編輯，日益以富美。當時類次書目，得四萬四千四百八十六卷。至寧宗時續書目，又得一萬四千九百四十三卷，視崇文總目，又有加焉。自是而後，迨於終祚，國步艱難，軍旅之事，日不暇給。而君臣上下，未嘗頃刻不以文學為務。大而朝廷，微而草野，其所製作講說，紀述賦詠，動成卷帙，參而數之，有非前代之所及也。」（註二八）

這一段敍述十分清楚。南宋一百五十三年之中，承平之日已無多，而能夠眞正從事徵募圖籍者更短，但其已能超過崇文總目所錄，確爲難能可貴。不過，此中值得注意的兩點，一是南宋雖避處江南，卻物富民豐，人文薈萃，新著日增，均呈獻官府，故所藏添益較速。二是宋季印刷事業，較前已大有進展，民間所藏，更形加多，經徵募而入官府者自衆，是南宋書藏，從數量而言，固有足觀之處，就內容以觀，則變化多矣。故自藏書史而言，每以數量而作評估；從圖書館史以觀，則必審視其「內容」，以此論之，南宋之書藏，不比北宋，殆無可疑。此外，還有一件事實，可以爲證，那便是北宋所編太平御覽，引書幾達一千七百種，而南宋之時仍存於世者，僅十之二三，典籍之災厄，可謂嚴重也矣。幸虧民間藏書，尤其倖存於江南者，爲數尚稱不少，又多願呈獻朝廷，以希望獲致爵賞。例如賀鑄「家藏書萬餘卷，手自校讎，無一字誤。」（註二九）後來復詔購其書。

「紹興二年二月甲子，詔平江府守臣市賀鑄家所鬻書，以實三館。」（註三〇）

而賀鑄之子賀廩以書五千卷上朝，得以任官。

「紹興二年三月戊午，進士曾昷夫特補將仕郎。昷夫、旼子也。獻其家所藏書二千卷，故有是命。」（註三一）

這些都是南宋以官爵徵募圖籍所獲致的成果例證。高宗卽位之後，雖則處兵馬倥急之餘，仍時時不忘右文之事。（註三二）眞乃難得。可是，高宗如此辛勤認眞地徵募圖書，孝宗以後，卻不多見，當然也就影響到書藏的發展。史書之中，縱偶有提及，但均語焉不詳，又多含糊其詞，鮮有始末備述者，足見效果不彰。最後，當然又是轉入元胡之手。國史之中，兩宋之學術思想，頗爲發達，文化繁衍，亦有可觀，照說圖籍之蒐存，應有相當的成就，可惜綜觀以上所考，則較之以前各朝代，甚爲遜色，足見圖書館事業之發展，固待有心人之提倡，政府之支持，而客觀環境之影響，尤爲重要。趙宋立國，外患不斷，輕則輸幣，重則亡國，烽火連年，國事不安，無論如何熱心徵募，亦皆難以有多少成就。我國清末以來，創建新式圖書館，迄今數十年，圖書館界先進們多年來的努力，已奠定良好發展的堅固基礎，但不必諱言，成就未見理想，尤其「付出的」與「收成的」不成比例，也是事實。揆其原因，無他，時局未能安定，內爭外患不絕，一方面無暇顧及圖書館事業，一方面是既有的一點成就，也往往損於國難烽火。來臺這三十餘年，情況完全改觀，政治安定，經濟繁榮，社會進步，圖書館事業目前是一片大好遠景，能不能跨出驚人的步伐，就端視我們圖書館的從業人員了，因爲客觀環境十分良好，要靠我們切實掌握契機了。

## 編著目錄

宋代的藏書處所，和當時徵募圖籍的經過，已略考如上所述，進一步應該把宋代編著的目錄，作一概括介紹。崇文總目，是宋代首屈一指衆所矚目的一部目錄。

「宋王堯臣等奉勅撰，蓋以四館書併合著錄者也。宋制以昭文、史館、集賢為三館。太平興國三年於左升龍門東北建崇文院，謂之三館新修書院。端拱元年詔分三館之書萬餘卷，別為書庫，名曰秘閣，以別貯禁中之籍，與三館合稱四館。景祐元年閏六月，以三館及秘閣所藏，或謬濫不全，命翰林學士張觀、知制誥李淑、宋祁等看詳，定其存廢，訛謬者刪去，差漏者補寫。因詔翰林學士王堯臣、史館檢討王洙、館閣校勘歐陽修等校正條目，討論撰次，定著三萬六百六十九卷，分類編目，總成六十六卷，於慶曆元年十二月己丑上之，賜名曰崇文總目。後神宗改崇文院曰秘書省，徽宗時因改是書曰秘書總目。然自南宋以來，諸書援引，仍謂之崇文總目，從其朔也。李燾續通鑑長編云崇文總目六十卷，麟臺故事亦同。中興書目云六十六卷，江少虞事實類苑則云六十七卷，文獻通考則云六十四卷，宋史藝文志則據中興書目作六十六卷。其說參差不一，考原本於每條之下具有論說。逮南宋時鄭樵作通志，始謂其文繁無用。紹興中遂從而去其序釋，故晁公武讀書志，陳振孫書錄解題，著錄皆云一卷，是刊除序釋之後，全本已不甚行。南宋諸家，或不見其原書，故所記卷數各異也。」(註三三)

根據以上所記，我們對崇文總目一書，可以得到幾點基本認識。首先，崇文總目是一部官修的館閣所藏的聯合目錄，故其所收內容，十分豐富，將古來著述總滙於此，對於後世考辨眞僞，查驗存佚，有極大的貢獻。其次，崇文總目是一部體例極爲完整的目錄，原書仍採四部分類，類例略有變易，最可貴者，在每書之下有敍釋，又另有小序，是爲體例最爲齊全的範例，於目錄學的貢獻，更不待言喻。可惜後來竟悉予刪去，眞是不知從何說起。再次，崇文總目是一部耗費時間既久、動員人力亦多而編成的目錄，從景祐元年至慶曆元年，先後歷時八年，動用的儒臣學士，類皆一時之選，十分難得。至由於是一部聯合目錄，牴牾重覆之處，實不能免，對於這樣一部目錄來說，應不足爲病，諒非不實之語。崇文總之原本，今已不存，僅有輯本傳世，故難窺其全貌。

北宋所編目錄，除去崇文總目以外，有歐陽修撰新唐書，有藝文志一卷。

「徽宗時更崇文總目之號為祕書總目，詔購士民藏書，其有所祕未見之書足備觀采者，仍命以官。」（註三四）

徽宗時把新得的圖籍，也編入秘書總目，但今已不存，無從深入考查。南宋孝宗淳熙時，秘書少監陳騤倣崇文總目，撰中興館閣書目七十卷，序例一卷，凡著錄四萬四千四百八十六卷，體例上亦有敍錄及小序。寧宗嘉定間秘書丞張攀等又撰中興館閣續書目三十卷，所收均爲淳熙以後所收圖籍，凡得一萬四千九百四十三卷，總錄南宋藏書五萬九千餘卷，而令人痛心的，是這一書藏又不幸多燬於理宗紹定四年的火災。此外，宋代共四次修纂國史，亦均有藝文志，然皆無太多特殊之處，故不贅述。

宋代除了前述的官修目錄，還有不少私人從事纂修，其中多數遵從四分部類，然亦有不守四部成規者，對我國圖書館事業的發展，也有相當的意義存在，值得在此加以介紹。四部分類者，如晁公武郡齋讀書志，尤袤遂初堂書目及陳振孫直齋書錄解題，部類無多變易，但每部之內，小類分合，則小有異焉。但對於目錄學史整體而言，沒有太多的影響，不必詳細敍述。其中不遵守四部的，有李淑的邯鄲書目十卷，又號圖書十志，將所有圖書分爲經、史、子、集、藝術志、道書志、書志、畫志，通爲八目，是爲八分法。其書不存，細目已無可考，但其爲新創類例，則無可疑。李目之後，有鄭樵通志二百卷，中有藝文略一篇八卷，盡收古今目錄所著之書，區爲十二類，是我國目錄學史上的一大特例。玆將其部類臚列如下：

經類第一：易、書、詩、春秋、春秋外傳國語、孝經、論語、爾雅、經解。

禮類第二：周官、儀禮、喪服、禮記、月令、會禮、儀注。

樂類第三：樂書、歌辭、題解、曲簿、聲調、鐘磬、管弦、舞、鼓吹、琴、讖諱。

小學類第四：小學、文字、音韵、音釋、古文、法書、蕃書、神書。

史類第五：正史、編年、霸史、雜史、起居注、故事、職官、刑法、傳記、地理、譜系、食貨、目錄。

諸子類第六：儒術、道家、釋家、法家、名家、墨家、縱横家、雜家、農家、小說家、兵家。

天文類第七：天文、曆數、算數。

五行類第八：易占、軌革、筮占、龜卜、射覆、占夢、雜占、風角、鳥情、逆刺、遯甲、太一、九宮、六壬、式經、陰陽、元辰、三命、行年、相法、相笏、相印、相字、堪輿、易圖、婚嫁、產乳、登壇、宅經、葬書。

藝術類第九：射、騎、畫錄、畫圖、投壺、奕碁、博塞、象經、樗蒲、彈碁、打馬、雙陸、打毬、彩選、葉子格、雜戲格。

醫方類第十：脈經、明堂鍼灸、本草、本草音、本草圖、本草用藥、採藥、炮灸、方書、單方、胡方、寒食散、病源、五臟、傷寒、腳氣、嶺南方、雜病、瘡腫、眼藥、口齒、婦人、小兒、食經、香薰、粉澤。

類書類第十一

文類第十二：楚辭、歷代別集、總集、詩總集、賦、贊頌、箴銘、碑碣、制誥、表章、啓事、四六、軍書、案判、刀筆、俳諧、奏議、論、策、書、文史、詩評。

從上列的分類系統中，我們可以發覺，通志藝文略的十二分法，完全與傳統的分類法不相同。這種分類體系的優劣評述，屬於目錄學的範圍，非本文所當討論，我們所要稱述的，是這種分類法，在圖書館經營上，有其特殊的意義。尤其在我國的圖書館裏，大家對圖書分類都十分重視，因爲傳統的觀念，圖書分類的功能，除了一般圖書館員所比較容易體認出來的應用價值以外，還有很濃厚的學術色彩。說得明白一點，那就是目前的圖書館，無論館員，或者讀者，都知道藉著分類處理，可以把複雜的館藏，整理得有條不紊，方便保管典藏，也幫助讀者尋求資料。其實，另一方面，國人在學術方面的重視，也是一大特點。從目錄學史來說，分類體系有時反應出當時學術發展的狀況，更表達出當時人們對各種學術的態度，所以我們不僅把分類當爲一種技術，更加認定是一種學術。這對於圖書館而言，是有相當關聯的。因此，我們探討宋代圖書館事業發展的時候，也一定對這一方面加以說明。通志藝文略十二分以後，鄭樵之族孫鄭寅，將圖書分爲七錄，卽經、史、子、藝、方技、文、類書七類，和藝文略相較，很明顯地，是將禮、樂、小學併於經，天文、五行、醫方併爲方技，可惜這一目錄也未傳之後世，不能進一步去硏究，再得到更多的瞭解。宋代所修目錄不少，但就圖書館史的觀點而論，値得特別介紹的，也僅此而已，其他的就從略了。

此外，還有兩點，我們要加以記述，因爲對宋代圖書館事業的發展，也有極爲重要的關聯。首先，宋代曾編印過一些叢書和類書，在編纂之先，勢必經過書籍的蒐求工作。所以，宋代曾因此而增加若干書藏，是可以相信的。

「宋太祖開寶四年，就派人到成都去雕刻大藏經，凡五千四十八卷，到太宗太平興國八年才全部完成。這是歷史上刊印的第一部大叢書。太宗時編輯了『太平御覽』，『文苑英華』各一千卷，「太平廣記」五百卷；真宗時又編輯『册府元龜』一千卷。後人稱之為宋代四大類書。」（註三五）

以太平御覽而言，引書達一千六百九十餘種之多，雖其中有轉錄自早期類書的，但是宋人編「太平御覽」，必然利用過不少書籍，他們從事蒐集工作，自然有助於書藏的增加。或者，我們至少可以說，因爲當時的書藏已經豐富，才促使「太平御覽」等大部頭類書的編纂。再說，如果沒有足夠的資料來源，這幾部大書是編不成的，就是編成了，也不會有太多的參考價値，像目前大家所肯定的這樣。所以，我們把宋代編了這麼多的大書，和圖書館的發展牽連在一起。其次，我們認爲：宋代刻書事業的發達，對宋代圖書館也有很多貢獻。因爲刻書工作普遍進行，圖書的數量，必然大量增加，圖書的蒐集，就容易得多了。宋代刻書，主要的有政府刻書，私家刻書和書坊刻書。政府刻書又分中央官府和地方官府。中央官府以國子監刻書最多，他如崇文院、秘書監、司天監等都有刻書的紀錄。地方官府刻書，分佈更廣，數量自多。私家刻書，北宋較少，南宋極盛，以杭州、婺州、建安、眉山等地爲多，書籍的增加，自必可觀。宋代坊刻地點幾乎遍及全國。但成都、杭州、建安是三個最大的中心。此外，北宋首都開封也是中心之一。南宋又有四川的眉山，浙江的金華、寧波、衢縣，江蘇的平江，江西的吉安、上饒，安徽的貴池、歙縣，湖北的江陵，廣東的廣州，都是刻書的重要地點。有那麼多的地方刻書，出版品的增多，可想而知。特別是書坊刻書，使書籍可以販賣出售，流傳民間，難怪兩宋私家藏書，超越前代，使中國圖書館史上加添新的一頁，容他日詳加考索。無論如何，由於刻書事業的蓬勃，方便了宋代圖書館的徵募圖籍，則是不容懷疑的。

宋代在國史上是一個文化思想較爲發達的朝代，享國時間也相當久，照說在圖書館事業方面，應該有相當成就的，可惜由於外患不斷，國勢衰弱，自太祖以下諸帝，均心有餘力不足，未能開創良好的局面，殊爲可惜。同時，也使我們有所領悟，那就是圖書館事業的發展，與整個國家局勢，密切相關，而我們衡量歷朝圖書館經營的成就，也必須把這些相關因素考慮在內，才是較為公平合理的評估。

【附註】

註 一：宋史卷一百六十四 職官志第一百十七 職官四
註 二：李燾 續資治通鑑長編卷十九
註 三：盧荷生 唐代的圖書館事業 輔仁學誌第十四期
註 四：周駿富 北宋館閣典校圖籍考 文史哲學報二十二期 考證甚詳 請參閱
註 五：宋史卷一百六十二 職官志第一百十五 職官二
註 六：李燾 續資治通鑑長編卷二十二
註 七：宋史二百二 藝文志第一百五十五 藝文一
註 八：馬端臨 文藝通考卷一百七十四 經籍考一
註 九：程俱 麟臺故事卷二
註一〇：宋史卷四百七十九 列傳第二百三十八 西蜀孟氏
註一一：同註九
註一二：同註十
註一三：宋會要輯稿第五十五册
註一四：李燾 續資治通鑑長編卷三十二
註一五：同上書卷三十三
註一六：宋史卷四百七十八 列傳二百三十七 世家一
註一七：李燾 續資治通鑑長編卷七

註一八：宋史卷四百八十二　列傳二百四十一　世家五
註一九：宋會要輯稿第五十五册
註二〇：周駿富　北宋館閣典校圖籍考　文史哲學報二十二期
註二一：「吳蜀」疑爲後蜀之誤　待考
註二二：宋史卷二百四十九　列傳第八　王溥傳
註二三：李燾　續資治通鑑長編卷四十九
註二四：宋會要輯稿第五十五册
註二五：李燾　續資治通鑑長編卷八十四
註二六：宋史卷二百二　藝文志第一百五十五　藝文一
註二七：同上註
註二八：同上註
註二九：宋史卷四百四十三　列傳第二百二　賀鑄傳
註三〇：李心傳　建炎以來繫年要錄卷五十一
註三一：李心傳　建炎以來繫年要錄卷五十二
註三二：李健祥　南宋館閣典籍考（油印本）　對高宗徵募圖籍　考訂甚詳　可參閱
註三三：四庫全書總目卷八十五　史部目錄類一
註三四：宋史卷二百二　藝文志第一百五十五　藝文一
註三五：劉國鈞　宋元明清的刻書事業　見中國圖書史資料集頁四八二

# 明代的圖書館事業（附元代）

有明一代，承元胡之後建國，於紹承中華文化，理應有所創興；圖書館事業之發展，肩負承先啓後之責任，亦當多所貢獻，爲圖書館事業史，揭開重要的一頁。

在介紹明代圖書館事業發展的經過之前，必須先將元代的狀況作一簡略介紹。蒙古滅南宋起，至元順帝退出大都，先後歷時九十年，世祖與惠宗（順帝）在位較久，但世祖入主中原僅十六年，而惠宗則長達三十六年之久。元代一仍舊制。

「秘書監，秩正三品，掌歷代圖籍，並陰陽禁書。卿四員正三品，太監二員從三品，少監二員從四品，監丞二員從五品，典簿一員從七品，令史三人，知印、奏差各二人，譯史、通事各一人，典書二人，典吏一人。屬官著作郎二員從六品，著作佐郎二員正七品，秘書郎二員正七品，校書郎二員正八品，辨驗書畫直長一員正八品。」（註一）

足證蒙古雖以異族入主中原，但仍保存舊制，設置秘書監，以掌管全國典籍。可是，從圖書館事業中可以獲知，制度只是事業發展的依據與途徑，是否能在經營上獲致良好的成效，還必須仰仗其他的一些因素，完美的配合，用心地執行，才有成功的機會。我們慶幸，元朝也有秘書監的設置，從事典籍的徵募。然而，究竟結果如何，尚待探討。

「至元十三年二月乙亥克臨江軍。庚子宋主㬎率文武百僚詣祥曦殿，望闕上表，乞為藩輔。」（註二）

元世祖詔令：

「秘書省圖書、太常寺祭器、樂器、法服、樂工、鹵簿、儀衞、宗正、譜牒、天文、地理、圖册，凡典故文字，並戶口版籍，盡仰收拾。」

「伯顏就遣宋內侍王埜入宮，收集宋國袞冕，圭璧符璽，及宮中圖籍，……」

「丁巳命焦友直括宋秘書省禁書圖籍。」

「三月丁卯命樞密副使張易兼知秘書監事。伯顏入臨安，遣郎中孟祺籍宋太廟四祖殿、景靈宮禮樂器册寶、暨郊天儀仗，及秘書省、國子監、國史院、學士院、太常寺圖書、祭器、樂器等物。」

「十月丁亥兩浙宣撫使焦友直以臨安經籍圖畫陰陽秘書來上。」（註三）

綜觀以上所述，證明了元代入主中原之後，確曾注視到圖籍的蒐集，當然也有相當的成效。不過，那恐怕是以勝利者的心境，獲取失敗者的戰利品而已。何以言之，觀乎後來元代的君主較少熱心於此種圖籍的徵募工作，就可以瞭然。自然，以異族入主中原，特別是文化水準，較之漢人，相差甚遠，造成元代君主的矛盾心情，而於此等文化事業，難免心存遲疑，因為他們對此眞是既羨亦嫉又懼。這也就是元代後來只見到一些零星的圖籍徵募工作，而少有顯著成果的原因吧！

明代繼蒙古之後，紹承文化傳統、統一天下環宇，於圖書館事業，所貢獻的心力，應該超出前代甚多。

**藏書處所**

「洪武三年置秘書監，秩正六品，除監丞一人，直長二人，尋定設令一人，丞、直長各二人，掌內府書籍。十三年併入翰林院典籍。」（註四）

這證明了明初仍以秘書監爲典掌圖籍之所在。但可惜的是洪武十三年竟罷置秘書監，截斷了自東漢桓帝延熹二年（西元一五九年）以來，歷時一二二一年的圖書館事業發展的專職機構，實在令人扼腕；翰林院典籍這一官職，顧名思義，本就有典存圖籍的責任，然而隸屬於翰林院，就有點變質了。因爲秘書監自設置以來，卽以典掌經籍爲任務，而且是專職機構，我們曾就圖書館事業史的立場，大加讚揚。（註五）而今併入翰林院，就有所不同了。

翰林院學士一人（正五品），侍讀學士侍講學士各二人（竝從五品），侍讀侍講各二人（竝正六品），五經博士九人（正八品），典籍二人（從八品），侍書二人（正九品），待詔六人（從九品），孔目一人，史官修撰（從六品），編修（正七品），檢討（從七品），庶吉士無定員。學士掌制詔史册文翰之事，以考議制度，詳正文書，備天子顧問。凡經筵日講，纂修實錄，玉牒史志，諸書編纂，六曹章奏，皆奉敕而統承之。誥敕以學士一人兼領。大政事、大典禮、集諸臣會議，則與諸司參決其可否。車駕幸太學聽講，凡郊祀慶成諸宴，則學士侍坐於四品京卿上。侍讀侍講掌講讀經史。五經博士初置五人，各掌專經講義，繼以優給聖賢先儒後裔世襲，不治院事。史官掌修國史，凡天文、地理、宗潢、禮樂、兵制諸大政，及詔赦書檄、批答王言，皆籍而記之，以備實錄。國家有纂修著作之書，則分掌考輯撰述之事。經筵充展卷官，鄉試充考試官，會試充同考官，殿試充收卷官。凡記注起居，編纂六曹章奏，謄黃冊封等咸充之。庶吉士讀書翰林院，以學士一人教習之。侍書掌六書供侍，待詔掌應對，孔目掌文移。」（註六）

觀乎以上所記，翰林院的設置，其原始任務十分明顯。而翰林院典籍，其職掌爲典存翰林圖籍，亦毋庸置疑。最奇怪的，是明史職官志中，曾分述翰林院各官員職守，獨缺典籍，令人費解，不知道是不是認爲典籍的職掌，已可從官銜中明白顯示，而無待乎進一步說明。但無論如何，翰林院典籍，原只是「翰林院」的「典籍」而已，而明代將秘書監廢置，併入翰林院典籍，就有點不倫不類了。把一個設置一千多年典存圖籍的專職機構，就這樣不明不白地給撤銷了，眞是不可思議，特別對圖書館事業史而言，更是令人歎息！因爲，洪武十三年的改革政治制度，是由於丞相胡惟庸謀反失敗伏誅後，太祖卽大事更張。

「罷中書省，廢丞相等官，更定六部官秩，改大都督府為中左右前後五軍都督府。」（註七）

秘書監亦遭波及，併入翰林院。而翰林院自有其特別的任務，且性質頗近於帝王的私屬，固然翰林院內有典籍之官，負責保管圖書，但較之秘書監，以典理全國圖籍爲職責，則差之遠矣。如此安排，影響到後來圖書館事業的發展，亦屬毋庸置疑的。

**明代的書藏，以職守而論，歸翰林院典籍；就處所以言，則在文淵閣。**當然，文淵閣爲宮庭殿閣的名稱，文淵閣大學士的官職，亦疊有改變。

「中極殿大學士，建極殿大學士，文華殿大學士，武英殿大學士，文淵閣大學士，東閣大學士，掌獻替、可否。奉陳、規誨、點檢、題奏、票擬、批答，以平允庶政。」「成祖即位，特簡解縉、胡廣、楊榮等直文淵閣，參預機務，閣臣之預務自此始。」（註八）

由此可知，文淵閣之所以成爲明代主要書藏之所在，並非常制，而是由於偶然因素所促成。文淵閣本爲內閣之一，在太祖廢丞相以後，內閣得以參知機務，而文淵閣更由於人的因素，爲明代帝王所倚重，書藏集中文淵閣，殆亦肇因於此。

「明文淵閣，本在南京，成祖遷都後，設官雖沿舊名，實無其地，即以午門內大學士直廬，謂之文淵閣。其實終明之世，未嘗建閣也。」（註九）

至此已十分明白，文淵閣本爲帝王講讀之所，非爲政府機構，所以內部設置，均列欖側坐，虛其中以俟臨視，後來因受重視，參預機務，而今爲書藏之所在，眞是一連串非預期的情勢所導致而成的。甚至成祖北遷以後，已無文淵閣這一建築存在，官職卻仍沿用其名，都是極爲特殊的事例。但是，文淵閣卻成爲明代以後，我國藏書場所的主要代表。事業之發展，我們固欣見其豐碩的成果，然更重視制度的建立，制度一旦確定，縱由於推行不力，績效不佳，惟尙可待之來日。若無制度，雖經營有方，獲致良好的成就，總是令人擔心，原因是一旦客觀因素有所變化，則一切頓成虛影。以此而論，我們固然不可以因爲明代廢置秘書監，而不正確認知當時在圖書館事業史上的發展，可是我們對這一制度遭遇到如此變革，卻是永遠無法釋然於懷的，實在是對後代的影響太大了。不過，我們研究明代的圖書館事業，無論如何，文淵閣總是最主要的對象。可惜，正統十四年南京文淵閣火災，嘉靖四十一年禁中又傳火警，南北兩文淵閣的書藏，至此已所存不多了。

文淵閣以外，明代書藏之所在，尙有皇史宬及行人司等處，亦藏有不少圖書典籍，亦頗受大家的重視。但是，這些書藏，都各有特點，而非一般的圖籍的典存，更由於它們的職司各異，收藏的內容，亦均顯示了個別的差異。以皇史宬而論，建於嘉靖年間，位置在東安門內東南，所藏以實錄、寶訓爲主，而非一般典籍。行人司亦有藏書，且曾編有行人司書目，足見其書藏亦具有規模。

「行人司，司正一人，左右司副各一人，行人三十七人，職專捧節奉使之事，凡頒行詔赦，册封宗室，撫諭諸蕃，徵聘賢才，與夫賞賜、慰問、賑濟、軍旅，祭祀，咸敍差焉。每歲朝審，則行人持節傳旨，法司遣戍囚徒，送五府填精微册批繳內府。初洪武十三年，

置行人司，設行人，秩正九品，左右行人，從九品。尋改行人為司正，左右行人為左右司副，更設行人三百四十五人。」（註一〇）

行人司的設置與職掌如此，其所屬書藏的狀況，便可想而知了。雖其藏書可能爲明代藏書的主要部份，但究竟不是以典存典籍爲職掌的書藏，在圖書館事業史上，自然不可同日而語的。

綜合以上所述，我們姑且不論有明一代在圖籍的聚集上成就如何，僅就維護典籍的制度而論，是令人極爲失望的。特別是較之動亂不安的南北朝各代，和以異族入主中原的蒙古，都是差得太遠了，把一千二百多年以前設置專職典存圖籍的機構，竟由於政治事件而廢置，且秘書監與胡惟庸毫無干涉，亦遭殃及，眞乃一大創傷，直至後世，亦無可彌補。也由於這個原因，當我們在探討歷代書藏的時候，都會發現有秘書監在徵募圖籍，而且是政治制度中的專職機構，職有專屬，責無旁貸，進行起來就比較容易有效，研究圖書館史的人，也常因此在內心裏泛起陣陣的喜悅。除了秘書監以外，我們也常見有其他的處所，熱心於典籍的蒐存，更不斷出現過可觀的成就。可惜到了明代，卻呈現了頹廢的現象，幾乎只剩下文淵閣一處，其餘的都只是一些機構附屬的書藏而已，實在令人扼腕與歎！明代承蒙古之後，有紹承民族文化的責任，而竟乃如此，也眞是費解。

「明太祖定元都，大將軍收圖籍，致之南京，復詔求四方遺書，設秘書監丞，尋改翰林典籍以掌之。」（註一一）

這是明太祖最早徵募圖籍的記載，足見他兵戎未定之際，已能注意到蒐存典籍之事，十分可喜！據說他在擊敗陳友諒之時，卽曾下令訪求遺書，就時間而論，那就更早了。因爲陳友諒敗亡，是在元至正二十三年八月，而入元都收圖籍，是在至正二十八年，也是明洪武元年八月，前後已相差五年了。不過，那時候太祖雖有心蒐存遺書，但國勢未定，天下分崩，恐怕成就不多。

「洪武元年八月庚午，徐達入元都，封府庫圖籍。」（註一二）

是明代最早的一批書藏，也和其他的朝代一樣，得之於前朝的圖籍，是各朝書藏的基礎。可是，元代藏書，也大多是從金人及南宋手中所得，究竟數量有多少，史無記載，不得而知。太祖在位三十一年，以後竟少有徵募圖籍的敍述，令人遺憾！不知道是否與太祖出身有關。

「至正四年，旱蝗大饑疫。太祖時年十七，父母兄相繼歿，貧不克葬，里人劉繼祖與之地，乃克葬，卽鳳陽陵也。太祖孤無所依，乃入皇覺寺為僧。逾月，遊養合肥。道病，二紫衣人與俱護視，甚至病已失所在。凡歷光固汝潁諸州。三年復還寺。」（註一三）

時天下已亂，羣雄蠭起，太祖乃投郭子興，終得躍登帝位。他的背景如此，或者會使得後來不太注重圖籍之事。然而，南京文淵閣，依然有可觀的書藏，也可以反證他並非是毫無所知。再如上文所述，他也曾設秘書監，後來卻因政治事件而罷設。又表現出他在經國濟民的處置上，缺少尋求理性依據的素養。當然，我們也不可以因此而忽略了太祖在位期間從事圖籍徵募工作的成就，否則便非允當之論了。

## 圖籍徵集

惠帝之後，成祖卽位，開創了明代相當輝煌的一頁，在圖籍徵募方面，亦有可觀的成效。成祖起於北方，自知江南不利於發展，決意北遷都城，書藏中心也隨之北移，南方之原有盛況，於是不復再見。成祖時代的書藏，主要有三個來源：由南京移置而來，向民間徵募，和官府刻書。

「永樂十八年九月丁亥詔自明年改京師為南京，北京為京師。」（註一四）

「北京旣建，詔修撰陳循取文淵閣書一部至百部，各擇其一，得百櫃，運致北京。」（註一五）

當時運送這批圖籍，裝運的船隻達十餘艘之多，陳循負責押運。而陳循後來受到明代諸帝敬重，因緣亦卽由此而起。

「陳循永樂十三年進士第一，授翰林修撰，習朝廷典故。帝幸北京，命取秘閣書詣行在，遂留侍焉。」（註一六）

足見這一批圖籍，由南京運轉北京，是明代當時書藏的基礎，所以受到相當程度的重視。尤其是這一批圖籍的來源，更增加了典藏上的價值。因爲明代南京文淵閣的收藏，主要是明代得之於元代的，前文已簡略述及。而元代的書藏，是得之金與南宋；金的書藏，則得之於北宋；北宋的書藏，亦有歷史上的傳承關係。所以，明代北京所藏之典籍，不但深有淵源，而且意義非凡。當然，就圖書館事業史來說，世代相承，雖有保存上的貢獻，並無太多的心力投注。可是，若從藏書史而論，那就十分値得重視了。成祖時向民間徵募圖籍，是當時書藏增加的主要來源，其所以如此，也有特殊的歷史背景。原因是成祖取得帝位，出於非常的異數，以靖難之名，取惠帝而代之，雖然說在形勢的造成上，早已相當明顯，不過以如此方式登基，在傳統的觀念中，總是有一點令人難以接受的感覺。所以，成祖即位以後，必須採取若干措施，以籠絡民心，特別是名臣儒士，而且也希望重新建立良好的形象，來安撫百姓，修書便是他的策略之一。所修諸書之中，以永樂大典最爲受人重視，因爲它不僅卷帙浩大，而且徵引淵博，故後來雖然殘佚，可是仍有其可觀的價値。也由於這些緣故，後人曾對永樂大典作過很多的論述，我們從圖書館事業史的角度，認爲最有意義的，是藉著永樂大典的編纂，促成了當時對圖書典籍的勤加蒐集。永樂大典凡例之中，謂「上自古初，下及近代，經史子集與凡道釋醫卜雜家之書，靡不收采。」現存殘卷，僅及原書之百分之三點五強，而所引用書，已達一萬種之上。當然，以類書的體例可知，引書的種數，不會按現存卷數與原書卷數的比例增加。不過，永樂大典所徵引的書，確是相當可觀。這些被徵引的圖籍，是否均爲當時所見存者，也未可知。然而，因纂修永樂大典，而導致明代更加熱心徵集圖籍，使書藏臻於豐富，則爲事實，是乃圖書館事業上的一大成就。至於成祖是不是爲了消除惠帝時代留傳下來的對自己不利的資料，或者爲了博取右文之名以收攬民心，我們都可以不必深究。因爲成祖對圖籍的重視，總是難得的。

「永樂十四年帝御便殿，閱書史，問文淵閣藏書，解縉對以尚多闕略。帝曰士庶家稍有餘資，尚欲積書，況朝廷乎？遂命禮部尚書鄭賜遣使訪購，惟其所欲與之，勿較値。」（註

（七）

這樣的徵書態度，可謂十分積極，實不多得。永樂大典徵引宏富，也是在此情況下促成的，書藏更加豐富，尤爲可喜。明代的書藏，除了來自上述兩個來源以外，刻書盛行，也是值得探究的一點。明代刻書，中央有司禮監，國子監，及各府部院。司禮監所刻之書，有御製書、中宮御製書、勅刊之書、請刊之書、內府讀本及佛道經典等，且遍及經史子集四部。國子監刻書，南監以修補舊版盛於梓刻新書，而北監多爲依據南監版重刻，兩監刻本，爲數亦夥。其他如詹事府、禮部、都察院、欽天監等，亦皆曾從事雕版印書。地方政府及諸藩府，家刻本、坊刻本、刻書之風均盛。（註一八）印刷術發明之前，圖書之流傳與增加，均有賴傳鈔，而今印刷事業普遍發展，圖書之數量，自然隨之劇增。是成祖之時，爲編纂永樂大典，必須先行蒐集資料，故書藏大爲增加，爲明代圖書館事業上的重要一頁。

成祖永樂以後，仁宗洪熙，僅爲一年，再後爲宣宗，年號宣德，對圖籍之徵集，尚稱熱心。

「宣宗嘗臨視文淵閣，親披閱經史，與少傅楊士奇等討論，因賜士奇等詩。是時秘閣貯書約二萬餘部，近百萬卷，刻本十三，抄本十七。」（註一九）

這恐怕是歷代藏書的顚峯時期，自洪武元年，至崇禎十七年，前後歷時二百七十七年，雖無法上與漢唐相比，但較之趙宋，外患不絕，內憂叠起，國勢衰弱不振，主政者應接不暇，要好得多了。加之明代理學發展，士風頗盛，承平又久，刻書也多，故書藏之豐，傲視前世。可是，宣宗以後諸帝，卽未見熱心於圖籍之徵募，英宗代宗之間，由於帝位的遞轉，無暇及此，猶情有可原，憲宗成化達二十餘年，亦未嘗致力於圖籍之事，殊爲不解。孝宗弘治年間，邱濬以大學士身份疏請以書目比校，查核有無殘缺。因爲當時典司圖籍之官，多爲貲郎，不審學術，亦不知重視，漸爲人所竊取，缺佚自然增多，可惜未曾認眞執行。世宗嘉靖之時，亦有訪求遺書之議，終未果行。神宗萬曆年間，取閣中書重加檢校，編著目錄，名爲內閣藏書目錄。但據此目錄加以查考，知當時書藏，較之往昔，已難以比擬。我們研究圖書館事業史，發現歷代帝王之中，諸多熱心蒐集圖籍，姑不論其動機爲何，成就依然可觀，貢獻亦無可懷疑，內心一片欣悅。然而，後來燬於兵火，或者遭外夷掠奪，已經深感無奈，而今明代中葉以後，諸帝竟乃不能守成，眞是情何以堪！明初宏富書藏，超越前代，固由於情勢造成，但蒐集典藏之功，亦殊爲不易，終至不克保持，除了歸之天命以外，夫復何言！

## 編著目錄

典籍旣豐，目錄的編製，自必隨之而起。蓋目錄之爲用，固有其學術特性，尤其是我國的目錄學，已與學術結有不解之緣。目錄藉學術豐富其內涵，學術的發展，也經由目錄顯示其成就。但目錄的起源，乃由應用之需要而興，所蒐藏的典籍，一旦臻於宏富，管理上必然會有對目錄的一份需求。因爲目錄的最原始的功用，是典藏的依據，藉着目錄知道已經藏有那些圖籍，並且如何安排這些書籍的排列順序。所以，歷朝以來，凡經官府蒐集，而使圖籍宏富的，多從事目錄的編著。明代也不例外，英宗年間也編製了相當值得重視的一部目錄，便是大家所熟知的「文淵閣書目」。

「前有正統六年題本一通，稱各書自永樂十九年南京取來，一向於左順門北廊收貯，未有完整書目。近奉旨移貯文淵閣東閣，臣等逐一打點清切，編置字號，寫完一本，總名文淵閣書目。請用廣運之寶，鈐識備照，庶無遺失。蓋本當時閣中存記册籍，故所載書，多不著撰人姓氏，又有册數而無卷數，惟略記若干部為一櫥，若干櫥為一號而已。考明自永樂間取南京藏書送北京，又命禮部尚書鄭賜四出購求，所謂鋟版十三，鈔本十七者，正統時尚完善無闕。此書以千字文排次，自天字至往字，凡得二十號，五十櫥。今以永樂大典對勘其所收之書，世無傳本者，往往見於此目，亦可知其儲庋之富，士奇等承詔編錄，不能考訂編次，勒為成書，而徒草率以塞責，較劉向之編七略，荀勗之敍中經，誠為有愧。然考王肎堂鬱岡齋筆麈，書在明代已殘闕不完，王士禎古夫于亭雜錄，亦載國初曹貞吉為內閣典籍，文淵閣書散失殆盡。貞吉檢閱，見宋槧歐陽修居士集八部，無一完者。今閱百載，已散失無餘，惟藉此編之存，尚得略見一代秘書之名數，則亦考古所不廢也。」（註二〇）

明代文淵閣書目，是這樣的一部目錄，在目錄學史上也極富意義。首先，我們可以完全確認，這是一部藏書目錄，而且是以文淵閣爲範圍的藏書目錄。其次，每書不列卷數及著者，僅記册數，其下再註完全、闕或殘缺，這是此一目錄的粗糙之處。因爲著者之於圖書，關係至爲密切，一書之優劣得失，莫不源自於著者，而目錄之中，僅記書名，不及著者，目錄之功用，已無所存矣。

至於我國古籍，多以卷數，表其多少，文淵閣書目記册數，不註卷數，不僅有違成例，抑且令人不知其完整與否，更與編製目錄之目的大相逕庭。他若一書而有多部，亦一併載列，是史稱秘閣貯書約二萬餘部，但究竟是多少種，就不得而知了，而且不免令人懷疑明代藏書宏富的實質意義。加上以千字文排次，自天字至往字，凡得二十號，五十櫥，更令人加深了文淵閣書目是一部標準的藏書目錄的印象，如此說來，它的學術價值便沖淡不少了。最後，文淵閣書目的分類系統，恐怕是惟一值得稱述的一點了。我國歷代圖書分類，六分啓其端，七分促其變，四分定其尊，是長久以來，四分法久已成爲衆所奉行，惟鄭樵通志藝文略採十二分法，而文淵閣書目之分類，也顯示其特殊之處：

國朝（天字號凡五櫥），易、書、詩、春秋、周禮、儀禮、禮記（以上地字號凡四櫥），禮書、樂書、諸經總類（附孝經、訓詁，以上玄字號一櫥），四書、性理、經濟（以上黃字號凡三櫥），史（宇字號六櫥），史附、史雜（以上宙字號凡二櫥），子書（洪字號一櫥），子雜、雜附（荒字號一櫥），文集（日字號三櫥），詩詞（月字號二櫥），類書（盈字號六櫥），韻書、姓氏（以上昃字號一櫥），法帖、書譜（諸譜附，以上辰字號凡二櫥），政書、刑書、兵法（以上宿字號一櫥），陰陽、醫書、農圃（以上列字號二櫥），道書（張字號一櫥），佛書（寒字號二櫥），古今志（來字號一櫥），舊志（暑字號三櫥），新志（往字號三櫥）。觀乎以上所記，我們很自然地可以得到一個明晰的印象，那便是文淵閣書目的類例，表面上雖仍有過去四分法經史子集的痕跡，但實際上根本未曾嚴格地遵守，完全是按照放置在書櫥中的順序，當然整理歸櫥的時候，也粗略地用四分法的架構加以區分而已。所以，歸類失當，頗不乏例，一書兩入，亦曾有之。其「部次既非循義，亦非按體。」（註二一）圖書分類的標準，不外義與體，而研究目錄學的學者，尤其主張先義而後體，也就是圖書分類的首要標準，應該是義，也就是內容的學術性質。本來所謂分類，正是依內容的學術特性，把相同的歸集在一起，以便尋求資料，從事研究。按體裁分類，乃是分類的補充標準，如同屬文學，再按體裁細分。但分類工作，所依據的標準，應爲義與體，則不容置疑。文淵閣書目之編製，棄義與體於不顧，有損目錄學之宗旨，難免不令人惋惜。此外，文淵閣書目，又開創一個先例，首列國朝一目，以收錄明帝御製、勅撰、政書、實錄等書。此例一開，幾成明代諸家目錄之共同特色。這種造成政治影響學術的做法，殊爲不當。因爲圖籍整理，既採分類方式，則應依學術性質的系統進行，今竟將當朝天子有關著述列爲首類，是倫類不分，而依著者身份破壞體制矣。故自分類體系而言，文淵閣書目，固少有足以稱道者，但其能衝破四分傳統，自創新格，又不得不令人另眼相待。總之，如果以藏書目錄看待文淵閣書目，就不必責之過苛了。

明代編著目錄，官修的除了文淵閣書目以外，還有神宗萬曆年間，中書舍人張萱等取閣中書重加檢校，著爲目錄八卷，是爲內閣藏書目錄。卷一聖制部、典制部，卷二經史子三部，卷三集部，卷四總集、類書、金石、圖經四部，卷五樂律、字學、理學、奏疏四部，卷六傳記、技藝兩部，卷七志乘部，卷八雜部，共計十八部。一望而知，乃脫胎於文淵閣書目，除可供爲內閣典存圖籍之用，並無太多的目錄學的意義可言。私修目錄，可分爲兩大流派，一爲遵循四部而略事增補者，一爲不守四部成規自創體系者。前者如高儒百川書志，朱睦㮮萬卷堂書目，徐𤊹紅雨樓書目，焦竑國史經籍志，祁承㸁澹生堂藏書目，雖皆以四分爲宗，惟其間增益添補之小類，則不一而足，且互有不同。後者有葉盛菉竹堂書目，陸深江東藏書目，晁瑮寶文堂書目，孫樓博雅堂藏書目錄，沈節甫玩易樓藏書目錄，陳第世善堂藏書目錄，茅坤白華樓書目，這些都是不按四分法的目錄，形成對長久以來的傳統加以反抗。圖書分類，由於時勢變易，自然必須適時加以修正其標準，以符合事實上的需要。可是，修訂之時，也應該根據學術的發展加以釐定，才是可行之道。明代這些不守四部成規的目錄，只能算是受文淵閣書目影響而建立的新分類體系，實質上並沒有太多的意義，因爲其少有完整的系統。不過，對四分法的這股抗拒的潮流，卻是空前的，在中國圖書館事業史上終究是難得的一頁。至於這些目錄的類例，應屬於目錄學的範疇，毋庸在此贅述，値得注意的，是當時的人在這一方面投注下去的心力。

**刻書盛行**

明代書藏的增加，誠如上文所云，刻書風氣盛行，是其主要原因之一。當時刻書，官府民間，併皆重視，可惜民間雖熱心從事，但良莠不一。學術乃千秋大業，圖籍所以遞傳薪火，刻書傳世，不能保持一定水準，實爲美中不足。而官府刻書，則較爲齊整，對明代圖書館事業的發展，更多所助益，也正由於這個原因，特別將當時的情形，略作介紹，好藉以說明刻書與圖書館事業之間的關聯。

**司禮監是明代官府刻書的主要所在**，而經廠是司禮監刻書之地，由提督太監總責其事，下有經廠掌司，四至六員，在經廠掌管雕版刻書之事。司禮監本爲明代內府十二監之一，以管理宮廷禮儀及糾劾內官爲主要職責，最初的官秩也不高，只有七品，後來才提高爲四品。經廠位於皇城西安門以東，紫禁城外西北隅，玉河橋以西，即西苑以西內府衙門之地，是明代內府的出版中心，所刻之書，世稱內府本，又稱經廠本。經廠所刊，以皇帝御製書爲多，一般說來，所謂「御纂」、「御定」、「御批」、「奉勅撰」等。其他如內府授課之讀本，監官上請刊印之書，以及佛道經典與殿前對策之試題，均爲經廠刊刻之內容。大略可分爲御製書、中宮御製書、勅刊之書、請刊之書、內府讀本、佛道經典、對策試題七大類。以內容而言，涵蓋了經史子集四部，按照明末內府書板，經部有四十種，史部三十五種，子部共多達七十七種，集部亦有十九種。這樣大規模的書板，自然可知印出的書籍必然更多，而且這還是經廠，經過內府，甚至皇帝御允刊刻的書，已經相當可觀。這樣大規模的刻書，造成當時書藏大量的增加，是不言而喻的。因此，使我們聯想到，研究中國歷代的圖書館事業，也不能專以藏書的數量，衡度其發展的狀況，論斷從業人員投注的心力，必須揆諸當時的主客觀條件，瞭解直接間接的因素，才能把握住眞正的事實眞相。像明代因着刻書事業的發達，使藏書數量大幅增加，比之前代，超越至多，便是一例。

**國子監刻書**，也是明代官府梓刻的重鎮之一。國子監爲中央最高官學，成祖以後，國子監亦分南北，一在應天府，一在順天府。

「國子監，祭酒一人，司業一人。其屬繩衍廳監丞一人，博士廳五經博士五人，率性修道誠心正義崇志廣業六堂助敎十五人，學正十人，學錄七人，典簿廳典簿一人，典籍廳典籍一人，掌饌廣掌饌二人。祭酒司業掌國學諸生訓導之政令，凡舉人員生官生恩生功生例生士官外國生功勳臣及勳戚大臣子弟之入監者，奉監規而訓課之，造以明體達用之學，以孝弟禮義忠信廉恥為之本，以六經諸史為之業。」（註二二）

明乎國子監的職責，他們也從事刻書的活動，是十分自然的。不過，也由於這個原因，國子監所刻之書，多爲六經諸史，兼及子集，類皆爲訓課諸生之用。南北兩國子監刻書，重點亦有所不同。南京因原爲朱明都城之所在，國子監所存，頗多宋元兩朝之舊板，而這些舊板，又由於數量不少，又歷時甚久，故多漫漶不全，是南監刻書，曾從事修補舊板，成就也大，甚至超過梓刻新書。北京國子監刻書，起步自較南監爲晚，方向亦不相同。北監所刻，以十三經注疏及廿一史最有名，其他書籍，則數量不多，主要原因，恐怕是司禮監刻書已多，御製之書，均由司禮監負責，且究竟國子監的職責，在訓課諸生，刻書自仍以所需爲主，其他則鮮爲梓刻。北監刻書，不如南監精細，又爲其一大缺點。不過，自圖書館事業史以言，南北兩國子監刻書，增加了明代的書藏，則爲極有意義的，值得記述。

明代中央政府，除了上述司禮監及國子監從事刻書，頗有成就以外，禮部也曾經於這一方面作過努力。不過，禮部的職掌：

「尚書掌天下禮儀祭祀宴饗貢舉之政令，侍郎佐之」，（註二三）

是主持國家禮儀的機構，因此他們所刻的書，也是以有關禮儀者爲主，但總部量不算太多。都察院是國家的監察機構。

「職專糾劾百司，辯明冤枉，提督各道，爲天子耳目風紀之司。凡大臣姦邪，小人構黨，作威福敵政者劾；凡百官猥茸貪冒壞官紀者劾；凡學術不正，上書陳言，變亂成憲，希進用者劾。」（註二四）

這樣對內對外百官進行監督的單位，竟然也對刻書有興趣。可惜，很顯然地，他們根本沒有明確而完整的計劃，因爲他們所刻之書，漫無標準，全憑興之所至，其中甚至包括了小說，如三國志演義和水滸傳之類，也有小學如中原音韻等，我們實在看不出有甚麼原則來。其他如以「掌統府坊局之政事，以輔導太子」職責的詹事府；和以「掌察天文，定曆數，占候推步之事，凡日月星辰，風雲氣色，章其屬而測候焉。有變異密疏以聞」的欽天監，也都參與過刻書的事業。特別值得重視的，是欽天監頒行的曆書，不僅在國內普遍發行，亦且贈送藩邦屬國，故其印刷數量十分驚人，宣宗宣德年間，曾高達五十萬册之譜，足見當時印刷事業之發達與進步。中央官府以外，藩府及地方官刻本，亦極爲盛行，所刻數量更多。私家刻書，吳中覆刊宋本爲多，多在嘉靖年間。坊刻則以閩中爲衆，後來蘇州、南京、杭州，亦多刻本行世，而常熟汲古閣毛氏更加負有盛名，以高價收買衆書，結集刊行，貢獻至巨。總而言之，由中央，而地方，及民間都大量印刻圖書，使明代書藏大幅增加，堪稱爲中國圖書館事業上一大進境，遠超過了前代，值得稱述。同時，我們也可以看出來，出版事業之發展，關係到圖書館事業的興衰，道理也是十分明顯的。

綜觀有明一代的圖書館事業，在元胡異族統治近九十年之後，享國二百七十餘年，理應多所成就，加之印刷事業發達，無論中央、地方、藩府的官府刻書，和民間的私刻與坊刻，都有相當的績效，造成當時的書藏，遠超過往先各朝，呈現前所未有的盛況，也是我國圖書館事業史中，明代最大的貢獻。可惜，明代由於政治制度的變革，引起對圖書館事業發展的不良影響，那便是東漢以來的專職圖書館——秘書監遭到廢置，而把保存圖書典籍的責任，劃由另有職權的翰林院中典籍掌理，雖同爲典理圖籍的場所，但彼此蒐集書藏的目的不同，處理的態度自然有異，而爲國家整體典存圖籍的機構已不復存在，如仍希望圖書館事業有輝煌的成就，當然是不可能的了。

我們研究中國圖書館事業史，常令人覺得眞是天下事無法十全十美。有些朝代在圖籍的來源上十分困難，可是由於人員的努力，勇於任事的精神，肯定典籍的功能，曾經開創了多次的成功事例。另一方面，在客觀條件上，每有良好的狀況，照理說應該可以得到理想的發展，然而卻往往因爲人謀不臧，使得大好的機會卻憑空失去，眞是令人惋惜之至。我們研究圖書館事業史，便是希望從過去的經驗之中，去發現在何等的情況之下，才能使圖書館發展得順利，再揆諸當前的情勢，讓我們找出能促成良好發展的有利條件，也讓我們思考去如何克服那些不利的因素。總之，惟有充份發揮一切力量，促進其功能，像所有其他的事業一樣，圖書館事業才會有光明的前程。

【附註】

註　一：元史卷九十　百官志第四十　百官六
註　二：元史卷九　本紀第九　世祖六
註　三：同上註
註　四：明史卷七十三　志第四十九　職官二
註　五：拙著　秘書監考　中國圖書館學會會報第卅四期
註　六：同註四
註　七：明史卷二　本紀第二　太祖二
註　八：明史卷七十二　志第四十八　職官一
註　九：歷代職官表　內閣條
註一〇：明史卷七十四　卷第五十　職官三
註一一：明史卷九十六　志第七十二　藝文一
註一二：明史卷二　本紀第二　太祖二　卷一百二十五徐達傳所記同
註一三：明史卷一　本紀第一　太祖一
註一四：明史卷七　本紀第七　成祖三
註一五：明史卷九十六　志第七十二　藝文一
註一六：明史卷一百六十八　列傳第五十六
註一七：明史卷九十六　志第七十二　藝文一

註一八：張璉　明代中央政府刻書研究（油印本）

註一九：明史卷九十六　志第七十二　藝文一

註二〇：四庫全書總目卷八十五　史部　目錄類一

註二一：昌彼得　中國目錄學講義　面一七二

註二二：明史卷七十三　志第四十九　職官二

註二三：明史卷七十二　志第四十八　職官一

註二四：明史卷七十三　志第四十九　職官二

# 清代的圖書館事業

有清一代，在我國歷史上，是極爲特殊的一個朝代，以滿人統治漢人兩百六十八年之久，如果以三十年爲一世計算，竟達九世之多，可謂相當長遠也矣。在這長期接受異族統治的過程裏，漢人始終不斷地採取抗拒的態度和心理，在文化活動之中，雙方也每有敵對的態勢，圖書館事業是文化事業之一，頗爲受到這一方面的影響，所以清代雖曾在圖書館事業上投注過心力，但是在成就上則頗有値得考量之處。例如清代纂修四庫全書，曾大量蒐集圖書，使清代的書藏，得以大量增加，正面的貢獻，是讓不少圖籍留傳後世，然而也產生了負面影響，則是就圖書館事業而言，不能避免地面對無可彌補的損失！因此，當我們着手探討清代圖書館事業之時，內心的感受，是和其他任何朝代都不相同的。一方面我們固然欣見清代的努力與成就，另一方面我們也會心痛他們於此所造成的傷害，更使得我們相信天下萬事萬物，眞是難得十全十美，總是讓人覺得有美中不足之處，正說明了「人」是圖書館事業發展的關鍵因素所在，不可不加以省察。同樣是從事圖書典籍的蒐集，卻由於不同的用心，引發了不同的態度，採取了不同的處理，也造成了不同的結果。回顧清代兩百餘年的圖書館事業，眞有無法言表的感慨。

滿清一朝，太祖努爾哈赤建國於西元一六一六年，時爲明神宗萬曆四十四年，一六二七年太宗皇太極嗣位，始稱後金，太宗崇德元年，公元一六三六年，改國號爲清。但其入關代明，在公元一六四四年，明思宗崇禎十七年，清主爲世宗，年號順治。自此而後，清代凡十主，其中以聖祖康熙六十一年，高宗乾隆六十年，兩帝在位最久，幾達清代歷時之半，且承平日久，號稱盛世，道光以後，內憂外患，紛至沓來，使清廷應接不暇，故圖書館事業之發展，亦以康雍乾時期爲主，至清末西方文化入傳，現代圖書館事業萌芽，又爲我國圖書館事業開創了新紀元。

## 藏書處所

誠如上文所述，清代從事圖籍蒐存，由於用心不同，處置的方式有異。文淵閣承明之餘緒，仍爲主要書藏之所在。但清代負責蒐集圖籍的機構，也由於明代廢置秘書監的關係，而缺少專職的單位，多由其他組織兼理，沒有建立制度，十分遺憾。清代中央有內閣掌理政務，以六部執行其事。仍沿明制，以翰林院董事圖籍之事，而翰林院自有其本身的任務，典存經籍，並非其專一之職責。所以，翰林院熱心於蒐集典籍，常爲特有的目的，而非如明以前的秘書監，乃是以典存經籍爲其本職，他們爲保存圖籍而從事蒐集，惟恐不夠完整，則有虧職守，所以成就較爲可觀。

「翰林院，掌院學士，滿漢各一人。侍讀學士、侍講學士，滿洲各二人，漢各三人。侍讀、侍講，滿洲各三人，漢各四人。修撰、編修、檢討，庶吉士，俱無定員。其屬二主事，滿洲二人，漢軍一人。典簿廳典簿、孔目，俱滿漢各一人。待詔廳待詔，滿漢各二人。筆帖式、滿洲四十人，漢軍四人。掌院掌國史筆翰，備左右顧問。侍讀學士以下掌撰著記載。

祭告郊廟神祇，撰擬祝文。恭上徽號、册立、册封，撰擬册文、寶文，及賜內外文武官祭文、碑文。南書房侍直，尚書房教習，咸與其選。修實錄、史、志，充提調、總纂、纂修、協修等官。庶吉士入館，分習清、漢書，吏部疏請簡用大臣二人領教習事。侍讀，侍講司訓課，派編、檢二人提調館籖。三年考試，分別散留。辦事翰林，滿漢各二人，掌帥廳官治事。主事、典簿、孔目，掌章奏文移，董帥吏役。待詔掌繕寫校勘。」（註一）

翰林之院，本隸三內院。而三內院，初置於天聰十年，所謂三院，乃國史、秘書及弘文三者。

「順治十五年，更名內閣，別置翰林院官，以大學士分兼。殿閣曰：中和殿、保和殿、文華殿、武英殿、文淵閣、東閣，諸大學士仍兼尚書，學士亦如之。」（註二）

顯然地，這些都是清代的內廷的官職。

「文淵閣領閣事三人，掌典綜册府。直閣事六人，掌典守庋緝。校理十有六人，掌註册點驗。檢閱八入。內務府司員，筆帖各四人。」（註三）

表面上看起來，文淵閣的官職，頗似爲國家典守圖籍之官，但因其隸屬於翰林，雖同爲蒐集圖籍，目的與明以前的秘書監不同，姑無論其成效如何，都是我們屢次批評明太祖廢置秘書監爲不當的理由所在。

清代的書藏所在，主要在昭仁殿和文淵閣。昭仁殿在北京紫禁城內乾清宮左，原爲清帝寢與的溫室。乾隆九年，命內直諸臣，檢閱秘府藏書，擇其善本，於昭仁殿中別架庋置，賜名天祿琳瑯。很明顯地，這屬於清宮內廷的書藏，乾隆四十年敕撰天祿琳瑯書目十卷，嘉慶二年敕撰天祿琳瑯書目後編二十卷。（註四）據天祿琳瑯書目所載，著錄宋版書七十一部，金版書一部，影宋鈔書二十部，元版書八十五部，明版書二百五十二部，共計四百二十九部。嘉慶年間，彭元瑞等所編天祿琳瑯書目後編，著錄宋金元明版六百六十三部。兩相合計，達一千九十二部，雖非宏富，亦已相當可觀，因其非一般圖書故也。何況，昭仁殿所藏，均係前朝珍善之本。這類圖籍，不應以量來衡度，而要從質加以品評。尤有進者，這批書籍，都是前朝中秘之藏，乃歷經刼火而倖存者，更加顯得珍貴難得。所以，我們若從現代圖書館功能的觀點來說，這一書藏，屬於內廷，專供御覽，卽朝中儒臣，亦難得入內閱讀，固然十分可惜。可是，自保存珍善版本以言，是極有貢獻的。因爲這些善本，有幸得到清帝的偏愛，予以特別收藏，固然是出之於他們的私心，不過因此得到較爲妥善的保存，使之留存後世，都是值得稱頌的。我們研究圖書館事業史，就是希望從歷代的圖書館員之中，省察他們所投注的心力，以及在各方面所獲致的成就。

文淵閣的書藏，有歷史上的淵源。明代初置於南京，後移置北京，一直都是國家主要書藏的所在，極爲受到重視。雖由於文淵閣隸於翰林院，故其在典籍的蒐集保存上，與過去的秘書監相比，容有不同的觀念與做法，但在這一方面的成就，卻是毋庸置疑的。入淸以後，文淵閣的聲名更爲響亮，恐怕是因爲清代皇帝熱衷於勅修圖書，於是大量蒐集經籍，所藏急遽增加，且所修圖籍之中，以四庫全國最爲宏偉，而四庫全書七部之中，最先完成的一部，便入藏在文淵閣之故。

文淵閣在清季所受重視，可由乾隆御撰「文淵閣記」中略見端倪。

「國家荷天庥，承佑命，重熙累洽，同軌同文，所謂禮樂百年而後興，此其時也。而禮樂之興，必藉重儒重道，以會其條貫。儒與道，匪文莫闡，故予蒐四庫之書，非徒博右文之名，蓋如張子所云：「為天地立心，為生民立道，為往聖繼絕學，為萬世開太平，」胥於是乎繫。故乃下明詔，勅岳牧，訪名山，搜秘簡，並出天祿之舊藏，以及世家之獨弆；於是浩如淵海，委若邱山，而總名之曰四庫全書。蓋以古今數千年，宇宙數萬里，其間所有之書雖夥，都不出四庫之目也。乃掄大臣俾總司，命翰林使分校，雖督繼晷之勤，仍予十年之暇。夫不勤，則玩日愒時，有所不免；而不予之暇，則又恐欲速而或失之疎略，魯魚亥豕，因是而生。語云：「凡事豫則立」，書之成雖尚需時日，而貯書之所，則不可不宿構。宮禁之中，不得其地，爰於文華殿後，建文淵閣以待之。文淵閣之名，始於勝朝，今則無其處，而內閣大學士之兼殿閣銜者尚存其名；茲以貯書，所為名實適相副。而文華殿居其前，乃歲時經筵講學所必臨，於以枕經葄史，鏡己牖民，後世子孫，奉以為家法；則予所以繼繩祖考覺世之殷心，化育民物返古之深意，庶在是乎！庶在是乎！閣之制一如范氏天一閣，而其詳則見於御園文源閣之記。」（註五）

相傳這篇文淵閣記，作於乾隆三十九年冬，這時候文淵閣尚未正式動工營建，而高宗即先為文以記之，足見其對文淵閣的重視。文淵閣建於乾隆四十年。

「閣三重，外觀若兩；上下各六楹，層階兩折而上，瓦青綠色。閣前甃方池，跨石欄，引御河水注之。左右列植松檜，閣後叠石為山。」(註六)

「閣內上下，均儲書籍。下層中三楹，兩旁儲圖書集成十二架。左右二楹，儲經部二十架。中層儲史部三十三架。上層中儲子部二十二架，兩旁儲集部二十八架。經、史架高七尺四寸，寬四尺，深二尺。每架四槅，各十二函。子、集架高十尺八寸，每架則為六槅，亦各十二函。總百有三架，六千一百四十四函，三萬六千二百七十五册，二百二十九萬九百十六頁。」(註七)

根據以上記述，可以窺見文淵閣的一般情形，及其收藏的概略狀況，加上清帝對文淵閣的特別重視，形成了它在當時的一些書藏之中的特殊地位，後世都以之代表清代書藏，是有其理由的。

清代藏書的所在，除了昭仁殿與文淵閣以外，當然還有不少的其他處所。像貯存四庫全書的其他六閣：盛京文溯閣，熱河文津閣，圓明園文源閣，揚州文滙閣，鎭江文宗閣及杭州文瀾閣，均因收藏四庫全書而建閣，成爲清代的主要書藏。其他還有嘉慶年間養心殿委宛別藏。據阮元四庫未收書目提要五卷所記，計書一百七十五種，亦係內廷收藏。紫禁城內坤寧宮後御花園中的摛藻堂，藏有四庫全書薈要及古今圖書成。圓明園內味腴書屋，亦藏有四庫全書薈要一部。刻藏書版的武英殿，自亦必有藏書。再如翰林院，國子監也都定有書藏，國子監還編有書目一卷。綜觀清代這些藏書的處所，我們可以得到一些基本的印象，那便是清代書藏，多在內廷，而且隨清代皇帝的興緻，隨處都可以出現藏書的場所，並沒有一定的制度。又由於清代喜愛編纂圖書，因而必先從事收集典籍，編書之處，也自然成爲書藏之所在，再所編繕完成的圖籍，亦需有貯存之所，故每爲此而修建館閣以存放。清代藏書之豐富，必然遠超過前代，可惜卻缺少專職的機構，不能集中收藏，而顯得凌亂不整，自圖書館事業史的觀點而論，又豈止美中不足而已哉？

**圖籍徵集**

**清代徵集圖籍，也和以前各朝代不同。**過去都是爲典存典籍而從事蒐求，清代廣徵圖書，則多因編纂圖籍之需要而進行。再加上滿人入關，統治中原，他們之所以熱心於圖籍之事，實別有用心。那麼，清代在圖書館事業之中的是非功過，就更加複雜得難以辨明了，有時會甚至令人感覺到如此地發展圖書館事業，成就縱使如何偉大，內涵的實質上卻是醜陋的。不過，他們對圖書館事業的貢獻，也不能不忠實地加以評析，只是所付出的代價，眞是太大了！

**清代纂修圖書，主要是在康熙、乾隆兩朝。**舉類書一類爲例，就相當可觀。我們試依淸代諸帝的先後順序，列出所修部頭較大的類書，便可知其梗概。

一、淵鑒類函四百五十卷

二、駢字類編二百四十卷

三、子史精華一百六卷

四、古今圖書集成一萬卷

五、佩文韻府四百四十三卷

六、佩文韻府拾遺一百十二卷

七、格致鏡原一百卷（註八）

以上所列，僅爲一百卷以上者，計爲七部，共爲一萬一千四百多卷。再加上政書一類，又有：

一、大清會典二百五十卷

二、大清會典一百卷

三、會典則例一百八十卷

四、大清會典八十卷

五、圖一百三十二卷

六、事例九百二十卷

七、大清會典一百卷

八、圖二百七十卷

九、事例一千二百二十卷

十、續通典一百四十四卷

十一、續文獻通考二百五十二卷

十二、皇朝通典一百卷

十三、皇朝通志二百卷

十四、皇朝文獻通考二百六十六卷（註九）

這裏列舉的，只是政書類通制之屬的敕撰部份，而且尚不完整，已可見其成就。至於這些書的內容，天文地理，無所不包，旁徵博引，極爲詳盡。換句話說，編撰這些書，所需的材料來源，眞是無法言估，以此推想當時的書藏，其豐富的程度，也就不言可喩的。清代爲編撰這些書，投注在徵書上的心力，自亦可想而知。後人往往重視他們工作的成果，卻未曾留心此中的歷程，連徵書的情形，也很少留下記載，眞是十分可惜。因爲他們這份努力，在圖書館事業史上，是值得大書特書的。別的姑且不談，以古今圖書集成爲例，就是一個很好的例證。圖書集成計分六彙編三十二典：

曆象彙編　內分乾象典、歲功典、曆法典、庶徵典。

方輿彙編　內分乾輿典、職方典、山川典、邊裔典

明倫彙編　內分皇極典、宮闈典、官常典、家範典、交誼典、氏族典、人事典、閨媛典。

博物彙編　內分藝術典、神異典、禽蟲典、草木典。

理學彙編　內分經籍典、學行典、文學典、字學典。

經濟彙編　內分選舉典、銓衡典、食貨典、禮儀典、樂律典、戎政典、祥刑典、考工典。

卷數達萬卷之多，三十二典，六千多部，更把宇宙之間的所有學科完全包括在內，簡直令人不可思議。

「每部之中，約分彙考，總論、圖表、列傳、藝文、選句、紀事、雜錄及外編諸目，無者闕之。彙考紀大事，大事有年月可紀者，用編年之體，仿綱目立書法於前，而以「按某書某史」，詳錄於後。無年月可稽或一事一物無關政典者，則列經史於前，而以子集參附於後。總論取經史子集之議論，擇其純正可行者錄之。圖表非每部皆繪列，大概圖用之於禽獸草木器用，表用之於星躔宗度紀元等部。藝文以詞藻為主，不擇立論之偏正；選句多麗詞偶句，從全篇中，摘其單詞片語；紀事大者入於彙考，其瑣細亦有可傳者，則按時代列正史於前，而以一代之稗史子集附之。雜錄載論議之非大經大法，或非專論此事而旁及之；或集中所載，考究未精，難入於彙考；議論駁雜，難入於總論；文藻未工難收於藝文者。至於外編，則荒唐無稽之詞，棄之恐遺掛漏之譏，故納於是編；此其體例之大凡也。其書搜羅宏博，出處詳明，文辭考證，皆可取資。」（註一〇）

如此嚴整的體例，明確的層次，豐富的內容，其所引用書籍，眞不知凡幾！以此而論，清代的書藏，遠超過前代，乃不待言明。清代因編書而徵書，其於圖書館事業之貢獻，可謂大矣。

**四庫全書的編成**，更是清代一大盛事，因此而所徵之事更夥，於圖書館事業之成就更大。四庫全書計收書三千四百六十種，七萬九千餘卷。尙有存目六千七百多種，九萬三千餘卷。兩相合計，達萬種以上，而卷數則超過十七萬。試想他們爲編纂這樣一部叢書，所蒐集的資料，也就是從各種不同來源所得到的圖籍，眞是前古未見，所投注的心力，怎不令人歎服！有的來自內府藏本，那是清代內廷所存圖籍，本來專供御覽的，多係得之前朝，當然也有新刊的及抄本，這是清代當時最基本的書藏。有的來自清帝的勅撰本，那是自清初以來，特別是康熙、雍正、乾隆諸帝，每愛命諸臣從事纂修，是所謂勅撰本。敕撰本又有御定、御纂、御批、御製、御註、御選及御編七種，爲數相當不少，也成爲編纂四庫的資料來源。當然，最主要的，應該是各省採進本及私人進獻本。各省督撫奉朝廷之命，從事蒐集圖籍，有購用，有借鈔，均呈交政府，這是當時徵書的最具體表現，其成就最令人矚目。此外，降至遜清，私人藏書，不但風氣極盛，而收藏亦豐。故當清廷徵書之際，私人亦有進獻者。多者進書至六七百種，如浙江、江蘇一帶諸家，曾有因獻書而受恩賞古今圖書集成之例，可想見當時獻書的盛況。修纂四庫全書之時，亦自永樂大典中輯出不少書籍，這是增加書藏的又一途徑。總之，因着四庫全書的纂修，而使清代的徵書活動進行得空前的活躍，是中國圖書館事業史上的一大特例，也因此而獲致傑出的成果。尤有進者，由於這一次全面的大規模徵書，使可能遭遇到亡佚命運的若干書籍，得以安全地傳流後世，這又何嘗不是這次徵書的特殊貢獻！我們也因此而發現，因爲我國圖書館事業的特殊狀況，要希望開創一番新氣象，常非由政府出面發動不可，這也可能是現今圖書館發展陷入困境的原因之一。問題是現代圖書館的工作對象，是所有的社會大衆，所仰賴於政府的，只是人才與財力的支援，而這些支援卻不能促使圖書館的功能一定會發揮，讀者的瞭解與利用，才是今日圖書館的希望所在。近些年來，政府對圖書館事業的支援，雖仍不如我們的理想，可是圖書館事業的眞正發展，大家所面對的，卻是另一種困境，那便是讀者「市場」的開拓，因爲這是現代圖書館生存的命脈。

上文雖多爲敍述清代編纂圖籍的情形，而較少言及徵書的經過，事實上從這些圖籍內容的淵博，引用書籍之浩繁，已不難想像徵書工作的努力與辛勤，和創造了前所未有的績效。同時，我們還可以舉出一個旁證，那便是清代徵書，實在是務求周密而完整。所以他們才利用政治力量全力以赴。滿人自從入關以後，就開始感受到漢人文化較高，民族意識極強，在統治上所遭遇的壓力。他們所採取的策略，一貫地都是以懷柔與高壓軟硬兼施的方式在進行統治。他們懍於漢人抗清的態度，要禁絕反清思想的傳佈，只有藉文字獄的威脅方式，嚇阻漢人的意願。同時，又釜底抽薪，把記述華夷之別思想的書籍加以袪除，從根斷絕，還乘機博取右文之名，再藉著編纂圖籍的機會，表現得優禮文人，籠絡民心，眞是一舉而數得，更達到了他們內心的希望。因此，他們徵書，如此認眞，如此澈底，如此豐收，都是另有原因，我們後人也極爲容易理解的。如果我們推斷說，清代編纂圖籍，保存固有的文化遺產，是一種意外的收穫，也許並不能說太過份。我們在讚揚他們成就的同時，心裏也自然地會泛起一陣陣對他們的譴責。他們的貢獻，和他們的罪過，同樣受到後人的重視。在四庫全書編成之後，曾編著四庫全書總目提要二百卷，簡明目錄二十卷。還有抽燬書目一卷、禁書目錄一卷、違礙書目一卷。(註一一) 這就是很費人思量的事情了。編纂四庫全書這樣的一部叢書，要爲它編一目錄，甚至再編簡明目錄，都是很自然而易於理解的事。竟然編了抽燬、禁書和違礙的書目，就顯得十分奇特了。是不是編纂四庫全書的漢人，有意昭彰清代帝王的罪行，告訴後世有那些書籍，在編四庫之時，慘遭政治的「破壞」，數量竟達二千四百餘種之多，眞是駭人聽聞的事。換句話說，有那麼多的圖籍，因修纂四庫，而被損失掉了。這樣造成了圖書館事業上的傷害，又豈能等閑視之，何況還是在有計劃的進行之下，所產生的結果，更是令人無法原諒！在我國圖書館事業史中，曾有不少辛勤徵集的書藏，都燬之於戰火，已經覺得十分可惜，如今清代皇帝竟如此對待典籍，其應該口誅筆伐的程度就更加提高了，眞是曠古以來，極爲少見，用心刻毒，尤無與比擬。清代編修圖籍，是禍是福，是功是過，誰也無法判定。

## 編著目錄

清代編纂圖籍的成就，已如上文所述，其在編著目錄方面，也遠超越前代。我國現存目錄，自漢志六分，魏晉時始創四分，南朝續見七分，至隋志而四分幾成定制，後雖偶有不守四部者，但無以動搖四分法之地位。及至四庫，更使四分之法，達乎顛峯造極。清末以後，西學入傳，民國肇造，以西法經營圖書館。可是，四庫分法，仍沿用於國學典籍之間，四庫全書總目，更爲大家必讀之書。揆其原因，不外其收羅宏富，分類詳確，體制完整，讀一遍四庫提要，有如唸一部中國學術史。以目錄而言，我們譽之爲空前絕後，恐不爲過。比之過去目錄，四庫提要，確實高過甚多。至於絕後，將來資料日增，編目不易，而能如四庫提要一樣，每書皆撰有敍錄，且敍錄之內容，如此有相當的學術性，勢已不可能。因此，我們不能不對這部目錄，給予較多的重視。

依類例而言，四庫分四部四十四類，遇有必要，再析分子目。四庫全書主要分類系統爲：

經部：易、書、詩、禮、春秋、孝經、五經總義、四書、樂、小學。

史部：正史、編年、紀事本末、別史、雜史、詔令奏議、傳記、史鈔、載記、時令、地理、職官、政書、目錄、史評。

子部：儒家、兵家、法家、農家、醫家、天文算法、術數、藝術、譜錄、雜家、類書、小說家、釋家、道家。

集部：楚辭、別集、總集、詩文評、詞曲。

這樣的分類義例，當然也曾遭受一些批評，不過仍爲大家所接受，把它當爲分類的主要參考。本來圖書分類，就會見仁見智，莫衷一是，因爲彼此的觀念，或者探討認定的角度不同，便會在分類上有不同的處理。大體說來，四庫提要是官修目錄，而且又是如此鉅製，自然容易成爲共同遵行的依據。其實，四庫提要之所以受到後世如此重視，還有它在體例上特別齊全完整的原故。這在中國圖書館事業史上，又是一大輝煌的成就。我國傳統的目錄之中，最基本的體例，不外篇目、敍錄及小序三者。四庫提要於此十分完整。最爲難能可貴的，應該是每書均有敍錄，連存目所收的書也不例外，總計在一萬種以上，眞是不可思議。我們查閱四庫提要的小序和敍錄，每篇均富有學術水準，更是爲大家所重視的原因。

「正史之名，見於隋志，至宋而定著十有七，明刊監版，合宋遼金元四史，為二十有一。

皇上欽定明史，又詔增舊唐書為二十有三，近蒐羅四庫，薛居正舊五代史得裒集成編，欽稟睿裁，與歐陽修書並列，共為二十有四。今並從官本校錄，凡未經宸斷者，則悉不濫登。蓋正史體尊，義與經配，非懸諸令典，莫敢私增，所由與稗官野史異也。其他訓釋音義者，如史記索隱之類；掇拾遺闕者，如補後漢書年表之類；辨正異同者，如新唐書糾謬之類；校正字句者，如兩漢刊誤補遺之類；若別為編次，尋檢為繁，即各附本書，用資參證。至宋遼金元四史，譯語舊皆舛謬，今悉改正，以存其真。其子部集部，亦均視此為考核釐訂自正史始，謹發其凡於此。」(註一二)

這是一篇典型的小序，雖其中所述，容有不同意見。例如所謂正史，到底何所指，究竟是就紀傳體裁而言，(註一三) 還是嚴華夷之辨的正統。(註一四) 不過，這篇小序的內容，已將正史的源流、範圍、內涵、演變、界定以及其重要性，均敍述得十分明確，予人以極爲清楚的印象。對國學研究的學者專家而言，四庫提要的四十四篇小序，何啻是一部中國學術發展史。所以，他們閱讀四庫小序，一則藉以熟悉尋求資料之途徑，一則也就此以瞭解學術演變的大勢。這正形成了中國目錄學的一大特點，目錄的學術性遠超過了應用性。因此，中國目錄學家，常對缺少小序的目錄，給予甚爲嚴厲的批評，其理由也就在此。小序以外，四庫提要中每書皆有敍錄，更爲大家所讚賞。

「春秋左傳正義六十卷，周左丘明傳，晉杜預注，唐孔穎達疏。自劉向、劉歆、桓譚、班固，皆以春秋傳出左丘明，左丘明受經於孔子。魏晉以來，儒者更無異議。至唐趙匡始謂左氏非丘明，蓋欲攻傳之不合經，必先攻作傳之人，非受經於孔子。與王柏欲攻毛詩，先攻毛詩不傳於子夏，其智一也。宋元諸儒，相繼並起。王安石有春秋解一卷，證左氏非丘明者十一事。陳振孫書錄解題謂出依託，今未見其書，不知十一事何據。其餘辨論，惟朱子謂虞不臘矣為秦人語。葉夢得謂記事終於智伯，當為六國時人，似為近理。然考史記秦本紀稱惠文君十二年始臘，張守節正義稱秦惠文王始效中國為之。明古有臘祭，秦至是始用，非至是初剏。閻若璩古文尚書疏證亦駁此說，曰史稱秦文公始有史以記事，秦宣公初志閏月，豈亦中國所無，待秦獨創哉！則臘為秦禮之說，未可據也。左傳載預斷禍福，無不徵驗，蓋不免從後傳合之。惟哀公九年稱趙氏其世有亂，後竟不然，是未見後事之證也。經止獲麟，而弟子續至孔子卒，傳載智伯之亡，殆亦後人所續，史記司馬相如傳中有楊雄之語，不能執是一事，指司馬遷為後漢人也。則載及智伯之說，不足疑也。今仍定為左丘明作，以袪衆惑。至其作傳之由，則劉知幾躬為國史之言最為確論，疏稱大事書於策者，經之所書；小事書於傳者，傳之所載。觀晉史之書趙盾，齊史之書崔杼，及寧殖所謂載在諸侯之籍者，其文體皆與經合。墨子稱周春秋載杜伯，燕春秋載莊子儀，宋春秋載祏親辜，齊春秋載王里國中里，覈其文皆與傳合，經傳同因國史而修，斯為顯證，如說經去傳，為舍近而求諸遠矣。漢志載春秋古經十二篇，經十一卷、注曰公羊穀梁二家，則左氏經文不著於錄，然杜預集解序稱分經之年與傳之年相附比，其義類各隨而解之。陸德明經典釋文曰，舊夫子之經與丘明之傳相異，杜氏合而釋之，則左傳又自有經，考漢志之文，旣曰古經十二篇矣，不應復云經十一卷。觀公穀二傳皆十一卷，與經十一卷相配，知十一卷為二傳之經，故有是注。徐彥公羊傳疏曰，左氏先著竹帛，故漢儒謂之古學，則所謂古經十二篇，卽所傳之經，故謂之古刻，漢書者誤連二條為一耳。今以左傳經文與二傳校勘，皆左氏義長，知手錄之本確於口授之本也。言左傳者孔奇孔嘉之說久佚不傳，賈逵服虔之說亦僅偶見他書。今世所傳，惟杜注孔疏為最古，杜注多強經以就注，孔疏亦多左杜而右劉，是皆篤信專門之過，不能不謂之一失。然有注疏而後左氏之義明，左氏之義明，而後二百四十二年內善惡之迹一一有徵。後儒妄作聰明，以私意談褒貶者，猶得據傳文以知其謬，則漢晉以來藉左氏以知經義，宋元以後更藉左氏以杜臆說矣。傳與注疏均謂有大功於春秋可也。」（註一五）

這樣一篇春秋左傳的敍錄，眞讓我們體會到古今編目之不同，我們所謂不同，並無優劣好不好的含意在內，只是說兩者的着眼點迥然不同。今者在描述資料的特點，藉以供讀者尋求資料時的參考，所顯示的資訊越眞實，讀者的判斷犯錯的機會越少。因此，當今編目講究明白詳確，能對讀者有所助益。反觀我國過去的目錄則不然，試以上列所引的一篇敍錄而論，已不止於介紹一書的內容，而卻着力於學術性的考證。從著者的爵里、學術、品德，至各書之源流、得失、異同，甚而文字之增刪，篇帙之分合，均一一詳予考證。自然，如此敍錄之中，難免主觀的評論，而失之於偏頗。可是，其能有助於讀者對一書之研判與瞭解，則無庸置疑。別的我們姑且不論，撰述這萬篇以上的敍錄，已經不是容易的事，何況在敍錄之中，如此富有學術特性，更非一般人所能從事者，除非自己已能具備學術上的相當素養，否則根本不敢着筆。由此我們也可以瞭解，四庫全書總目，在目錄學上和學術發展史中，都有其特殊的地位，大家都應該給予承認的。清代在圖書館事業上，有很多地方我們都難以滿意，特別他們用心不良，有計劃刪毀固有圖籍，實在令人無法容忍，可是他們在編著目錄之中，卻有極爲傑出的表現，眞是失之東隅，收之桑榆。我們也只能在此對清代的圖書館事業加以讚揚了。

清代所修目錄，除四庫全書總目以外，天祿琳瑯書目十卷，及後編二十卷，四庫未收書目提要五卷，（註一六）還有續文獻通考、皇朝文獻通考、皇朝續文獻通考之中，均有經籍考。續通考經籍考五十八卷，著錄宋寧宗以迄明末之典籍；皇朝通考經籍考二十八卷，著錄清初迄乾隆初年之著述；皇朝續通考經籍考二十六卷，著錄乾隆至清末之著作，都是清代重要目錄的代表作，極富學術參考價值。至於私人所編目錄，清代爲數亦多，可惜「多侈稱珍刻舊鈔，志其書者，厥爲鑒賞藏玩，不復以錄略之學爲意。」（註一七）且沿承四庫之意，類例率少創意。如千頃堂書目、文瑞樓藏書目錄，雖小類略有變易，仍恪守四分之法。卽使絳雲樓書目，類分七十以上，但四分的痕跡，隱約可見。書目答問，經史子集四部之外，別增叢書一目，然其仍應屬四部，不待言明。他如讀書敏求記、述古堂藏書目、孝慈堂書目、來雨樓書目、孫氏祠堂書目等，則完全不守四部成規，另創新例，誠足可取。惟四部之法，自有其優點，加之官府編製目錄，均採四分，是數百年間，四部已成獨尊之勢，其他類例，殊不足撼其聲威。及至西風東漸，歐美圖書分類之法入傳，復以西學之部類，四部之法已無法包容，更創新法，故刻不容緩。今日圖書館，都採用了由西洋分類法，特別是杜威分類蛻變而成的圖書分類法，固爲時勢所趨，實亦屬事實使然。

清代的圖書館事業，至光緒年間，現代圖書館學的觀念，逐漸在國內發芽生長，迄今又近百年，圖書館事業已邁入新境界。其間由於抗日剿匪，國家遭遇空前浩刼，圖書館事業自亦難免受到諸多挫折。同窗至友周駿富教授將這一段歷史分爲四個時期：萌芽時期、戰前時期、戰後時期及遷台時期。（註一八）嚴文郁教授則分爲萌芽時期、成長時期、抗戰及復員時期。（註一九）兩書均考訂敍述極爲詳盡，與本書前述各章所說，截然不同屬於兩個階段，研究探討所採取的角度與標準，都不會相同，所以關於這一部份的發展經過，不擬列入本書範圍。

清代的圖書館事業，有其光輝燦爛的一面，但也有其陰晦暗淡的一面，功與過之間，殊難予人以清晰的印象，異族入主中原，萬般事物，皆難依循正軌進行，又何獨圖書館爲然哉！

【附註】

註　一：清史稿卷一百十五　志九十　職官二

註　二：清史稿卷一百十四　志八十九　職官一

註　三：同註一
註　四：清史稿卷一百四十六　志一百二十一　藝文二
註　五：清永瑢、紀昀等撰　四庫全書總目提要卷首
註　六：同上註
註　七：施廷鏞　故宮圖書記　圖書館季刊一卷一期
註　八：清史稿卷一百四十七　志一百二十二　藝文三
註　九：清史稿卷一百四十六　志一百二十一　藝文二
註一〇：鄧嗣禹編　中國類書目錄初稿　面二十六
註一一：清史稿卷一百四十六　志一百二十一　藝文二
註一二：四庫全書總目卷四十五　史部一　正史類
註一三：見隋書經籍志自敍
註一四：見章炳麟史學略說
註一五：四庫全書總目卷二十六　經部二十六　春秋類一
註一六：清史稿卷一百四十六　志一百二十一　藝文二
註一七：昌彼得編著　中國目錄學講義　面二三三
註一八：周駿富著　中國圖書館簡史（學生書局出版圖書館學）
註一九：嚴文郁著　中國圖書館發展史　中國圖書館學會出版　楓城出版社

# 我國圖書館事業的特點

## ——兼述未來經營的方向

我國的圖書館事業，如果把殷商遺址中所發現的「窖」，也就是當時收藏甲骨文的所在，當為我國圖書館起源的話，（註一）至今已超過三千年，歷史可謂久遠也矣。殷商以前，由於我們缺少足夠的史料，無法得到詳盡的瞭解。可是西周以降，則記載均極為完整，正史的職官志之中，都可以查考到以蒐存圖籍為職責的專業機構，成為我國圖書館事業一脈相承的歷史發展。如周代的五史；西漢的太常、太史、博士之藏，和延閣、廣內、秘室之府；（註二）東漢的東觀，以及桓帝延熹二年初置的秘書監；（註三）後來更廣建館閣，如魏有崇文館，宋有玄史二館，南齊有總明館，梁有士明館，北齊有文林館，後周有崇文館；（註四）隋代的嘉則殿；（註六）唐代弘文館和集賢殿書院；（註七）宋代昭文、集賢、史館，以及最為著名的崇文院；（註八）元代的秘書監；明代的翰林院、文淵閣；（註九）清代更典校圖籍，廣為蒐求，成就非凡。（註一〇）清末以來，西方教育思想入傳，圖書館事業隨之發展，新式圖書館於焉肇建。民國以後，更為蓬勃，可惜迭經國難，來臺三十年，又慘淡經營，於今方重見光明坦途。（註一一）回顧這些歷史上的光輝紀錄，可以想見祖先們曾經投注過多少心力，才能創造出如此驚人的成果。我們後代子孫，一方面感覺到非常驕傲，因爲我國的圖書館事業，不僅歷史悠久，亦且成就可觀。另一方面，我們也感受了無比的壓力，面對著當今的圖書館事業，應該如何善用心智，羣策羣力，共謀發展，方能繼承祖先之餘緒，以及更進一步發揚光大。我們願意研究中國圖書館事業史，目的也就是希望瞭解過去成功的因素，所謂鑒往知今，如果能夠理出一些頭緒來，正好作爲我們的借鏡。當然，我們也應該知道，比之過去，現在時代不同了，不可能只靠沿著祖先的足跡，就走出一條暢通的大道來。不過，藉著對歷史的探討，是可以抽繹出來若干不變的原則，而這些原則，正是任何事業成就的基礎；這些原則，正是我們日後工作的準繩；這些原則，也正是大家努力創造的標的，也由於這個緣故，我們覺得，分析我國圖書館事業的特點，再進而針對當前的情勢，謀取對策，作適度的轉化，以求得到最佳的適應，才是未來發展圖書館事業的主要依據，更是我們研究圖書館事業史的最終目的。

綜觀我國圖書館事業的歷史，我們發現至少有四個特點。這些特點，是造成過去圖書館事業光輝成就的主要動力，也就是我國圖書館事業發展的四根支柱，由於它們的支援，相互間適當配合，才創造了偌多的光榮紀錄。也許，我們現在發展圖書館事業，還在循著這傳統的路線，指望來自於這些方面的動力，幫助我們再創佳績。然而，是不是會由於時代的轉變，這些特點已經失去了往昔那樣可凴恃的信賴？而需要重新建立符合時代要求的新特點？値得我們深思，並作進一步探討。

我國圖書館事業的第一個特點，是源自官府。幾千年來，我國的政治傳統，所有的行政事務，都是由上而下，一切源自官府，也就是由中央政府發動，逐級向下推展。習慣上，我們把統治者稱爲天子。天子者，天之子也，替天行道。但是天不言，天道何在？孟子說天視自我民視，天聽自我民聽，是所謂天意，乃根據民意。故天子統治百姓，乃是以民意爲依歸。過去也曾將縣級官員稱爲父母官，無非是勉勵官員，應該以父母愛子女的心情，去愛護他的百姓，亦所謂愛民如子。很早也就有「作之君，作之師」的說法，那便是政治上的統治者，同時也是知識上的教育者。因此，我國過去兩千多年的君主政治，是不同於西方的君主專制的，中國的老百姓，只祈求能有一位仁民愛物的賢明君主，便把一切都託付給他了。由於這樣緣故，在那個時代，人民並無需乎急於求知識，農業生產也是全靠經驗，所以在那樣的社會裏，文盲很多，也沒有給社會進步引起甚麼困擾。至於我國悠久的歷史演變，自然都是歷代帝王，至少也是透過他們，所推動促成的。對百姓來說，甚至改朝換代，也根本無關痛癢。我們明白了這一點，便可以知道，並非只有圖書館事業才是源自官府，其餘百般政務，也莫不如此。本來，由官府來發動推展，也是很好的，尤其那時候，經濟不發達，民智未開發，要靠民間來發展圖書館事業，是絕不可能的。官府能主持其事，有足夠的財力支援，有充沛的人力從事，再加上組織的力量，政治的威信、羣策羣力，號令一出，百起響應，臣民應命，所以能一時之間，卽行績效卓著。我國過去的重要書藏，都是在這種情況下建立起來的，而這些書藏，也都是所謂的宮廷藏書。如秦亡漢興，武帝「建藏書之策，置寫書之官，下及諸子傳說，皆充秘府」。（註一二）首開官府主動蒐存圖籍之先河，後世君主，亦多起效尤，更創下了很多的輝煌紀錄。及至滿族入關，爲消除反淸思想，假典校圖籍之名，廣爲蒐求，聚書之多，遠超前代，亦皆由官府負責執行。所以，一部中國圖書館事業史，幾乎就可以說是歷代的宮廷藏書史，使我們時時在懷念那些爲圖書館投注過心力的帝王，覺得他們實在是這份事業的功臣，也讓我們肯定了這些由官府推動的圖書館事業上的成就。不過，當我們在描述這些書藏盛況的同時，心裏總難免有幾份惆悵，那就是歷史上所見的偌多書藏，卻每無法長期典存，固然很多都是毀於戰火，但卽使承乎之世，也有很多帝王，都不能繼承祖業，賡續徵集，使圖書館事業之發展，能夠世代相承，達到更爲圓滿的境界。推究其原因，無他，人亡政息，每位皇帝常有不同的興趣，他們是不是還願意繼續蒐求圖籍，就未可知了。這使我們想到，任何事業的發展，一定要有繼續不斷的經營，才能希望較高的成就。而在過去君主政治的狀況之下，是無法長久保持的。因此，我們常覺得，靠帝王的發動，或者由大臣提議，帝王認可，來從事圖籍的蒐存工作，有點靠緣份，而且像是偶然的，這當然是不可靠的。因爲碰不到崇尙圖籍的帝王，便甚麼都落空了。卽使碰到了，假如是斷斷續續的，也無濟於事。我們仔細審視，就會發現，過去的書藏，都是個別地在發展，旣無橫的聯繫，也少有縱的進展，因此辛勤所得，就在自生自滅的情形中，又消逝於無形了。舉個例來說，目前中小學的圖書館，就是這樣的。有極少數的一兩位校長，對圖書館的工作特別熱心，他們在那一所學校當校長，便想盡辦法創辦圖書館，學校沒有專列的預算，幾乎完全運用所謂的「社會資源」，卻辦理得有聲有色，爲中小學圖書館的發展放出異彩。雖然，他們所經營的圖書館，若以圖書館學的觀念加以衡量，有時候甚至有一點偏離正軌，但是大家對他們仍然極爲讚揚，因爲他們實在已經盡了心力。可惜，這些校長一旦調職轉任，學校的圖書館便開始逐漸沒落了，直到最後又重歸於無聲無息。他們到了別的學校，又重起爐灶，另謀發展，如此一起一落，終就等於零。所以，當我們欣見有中小學圖書館得到相當發展的時候，心裏同時就在擔憂這所圖書館不知道能維持多久。這樣發展圖書館事業，是不樂觀的。我國過去的圖書館事業，實在都是在這樣情況之下在發展著，因此很難突破。往後的圖書館事業，更不能在這種傳統的陰影下，想只靠政府的支援，便可以順利地向前邁進。政府撥付經費，委派人員，只能創建圖書館，但要圖書館在新時代裏扮演一個能善盡責任的角色，就不那麼簡單了。從前，憑著帝王及少數大臣的支持，便建立起來的宮廷書藏，只要能滿足這一部份人的願望，卽算是功德圓滿了。可是，現在不同了，圖書館的存在價值，再也不是靠服務局部對象，或者某一種階級，所能提昇的了。換言之，現代圖書館的經營方針，必須加以修訂，只靠政府的支援，已不足以成事了。例如：政府加強文化建設，在臺灣省各縣市興建文化中心，文化中心又以圖書館爲主，如今已次第落成啓用，政府這一次所投入的經費，相當驚人，各館也眞的美輪美奐，很受到大家的重視。可是，若實際去檢討其工作效果，我們就不敢多加恭維了。我們並不是說文化中心的工作人員不努力，或者說工作水準不夠高。憑心而論，他們都很認眞，很有心想把工作做好，然而始終做不開，則是不必諱言的事實。大家也常作檢討，也多半歸結認爲是由於人員與經費不足。我個人研究圖書館事業史，卻發現其中最主要的原因，恐怕是仍舊沿著舊路，想靠政府的支援，來達成促進圖書館事業的發展。有了館舍，有了設備，也逐漸添增了館藏，大家也學習了新技術，就是突破不了利用上的瓶頸。說來也許是令人洩氣的事，在文化建設號召之下，所設置的文化中心圖書館，到底爲文化建設做了些甚麼事？這些年來又在文化建設上有了何等的成就？文化雖是無形，文化的演進，其軌跡卻是可尋的。文化建設，雖不能立竿見影，但是長期努力的結果，仍然可以審視得出來的。有一點我們也必須認清，那便是文化建設的成果，應該不是文化活動的本身，而文化本質的更新。以此而論，我們如果說文化中心圖書館的工作成效不夠理想，應該不爲過份。如果政府撥支更多的經費，增加更多的員額，就能解決問題嗎？未必，基本的原因很簡單，今日的圖書館，已不能只靠政府了。只靠政府，並不能得到眞正的發展。二十世紀，是一個民主的時代，圖書館的功能，除了對文獻有保存的義務以外，還要傳播新知，教育民衆，以及其他各方面的社會責任。爲了善盡這些責任，自然就不像從前那樣單純，只要針對帝王大臣的喜好而行事就行了。政府的支援，主要是幫助建立基本的條件，像建築館舍、增添設備、擴充館藏等等，而圖書館眞正的經營，就要靠圖書館自己面對廣大的讀者，發揮服務的功能，在現實社會中扮演一個稱職的角色。何況，在民主社會裏，要能獲得政府的支援，也非得有廣大的羣衆支持不可。因爲，民主政府的施政，必須以民意爲依歸，而不是以少數執政者的意願，爲取決的標準。卽使政府有意支持，如目前大家所見的文化中心一樣，又如何？所以，我國過去那樣，由上而下，一切源自官府，甚麼事便都可以辦通的時代，已經過去了。我們現在，恐怕要尋求讀者的支持，讀者熱心於圖書館事業，循著民主政治的軌道，便會轉化而成爲政府的支援，這樣才是有效而可靠的。在政府的大力協助之下，圖書館具備了各種服務工作的必要條件，透過圖書館員的經營，獲致功能的充份發揮，讓大家都感受到對圖書館的需要，再轉而要求政府更加支援圖書館。果眞能夠如此，圖書館事業發展的基礎，自然就十分堅實了。比之源自官府，讀者卻不熱心，這種「一頭熱」的狀況，當然是不可同日而語了。而且圖書館的工作對象，已經今昔不同，不作如此調適，是談不上事業的發展了。

**我國圖書館事業的第二個特點，是旨在濟世。**圖書館之所藏，是圖書文獻，也就是古代所說的典籍。典籍之所載，則爲學術之內容。而學術之爲用，自在濟世。目前的學術界，常喜歡標榜「爲學術而學術」，就是說研究學術，不爲甚麼，就是爲學術研究。譬如：美俄兩國都熱心於太空科學，研究太空科學的目的，在探測太空的奧秘。太空科學的進步越多，人類對太空的瞭解也越多。太空科學家可以說，爲瞭解太空，而探險太空。可是，發展太空科學所需要的經費，數字極爲龐大，都是由政府支持的，政府的希望，恐怕不止於瞭解了。如果眞只是爲了瞭解太空，而無其他目的，他們還肯不肯作偌大的投資，而絲毫不加遲疑，答案一定是否定的。這一次美國太空梭挑戰者號，發射後七十二秒卽發生爆炸，除去損失可觀的經費以外，還犧牲了七名太空人，震驚世界。但是美國在這樣創痛之後，第一個反應卻是絕不放棄太空計劃。所爲何來，只是單純爲瞭解太空嗎？當然不是。因此，我們可以說，爲學術而學術，在表達學術的求眞精神，而不是說明學術研究，完全不計較對國計人生的裨益。所以，我國的圖書館事業，在收藏和利用方面，比較講求濟世的目的，非但無可厚非，而且是十分自然的事。何以言之，因爲圖書館的收藏，既然都是學術研究的成果，而學術的內容，都會直接間接造福人羣，那麼圖書館以濟世爲工作的目標，就順理成章了。國人所說「學問爲濟世之本」，卽此之謂也。不過，圖書館收藏的資料，可以發揮功用，以至於濟世；圖書館卻不可以把收藏的內容，侷限在自己認爲可以濟世的範圍之內。

我國過去的圖書館，多爲宮廷藏書，是帝王大臣所發動創建的。他們是統治者，他們的責任，是治國平天下。他們對於治平之道，有一定的策略，有一套邏輯，凡合乎他們的理想和需求的，便是他們在濟世的目的下所希望收藏的。因此，這些宮廷書藏，在選擇入藏的時候，有固定的標準，而且執行得非常嚴格。有時候甚至將一些與標準不合的典籍，任意地予以禁燬。就是在他們收藏的典籍之中，也會加以區分，採用的自然都是儒家的思想觀念。儒家的政治哲學，最爲統治者所歡迎。儒家講求的，是一套修齊治平的道理。由個人的修身、齊家，到治國、平天下。儒家重禮，禮就是個人的行爲規範，國家的典章制度，使整個社會，各有本份。如果各守本份，則天下太平；要各守本份，必從修身做起。因爲各守本份，不作犯上之事，統治者與被統治者之間，才能相安無事，統治者的地位，便會長久保持。職是之故，歷代王室，在蒐求圖籍之時，都把合乎修齊治平的，作爲徵集的對象，而且整理之中，也將之列爲首要的位置。像漢書藝文志，把圖書分爲六大類：六藝略、諸子略、詩賦略、兵書略、術數略、方技略。魏晉之時，中經新簿，首採四分之法，但以甲乙丙丁標目。甲經、乙子、丙史、丁集。李充四部書目，則將子與史對調，成爲甲經、乙史、丙子、丁集。隋書經籍志始以經史子集標示，迄今沿用。從六藝略演變到後來的經部，都是他們心目中典型的「經」，儒家的不朽之作，微言大義，匡國濟民，莫不以此爲淵源。後來史書逐漸增多，另立一部以居之，最初次於經與子，終則僅次於經，這說明了前代的圖書館員，以經爲首要的著述，已不待言明。至於史與子，次序先後顚倒，也表徵了在他們心目中的價値。再說，佛教入傳於東漢，佛經之譯成我國文字者日多，流傳得也十分普遍，帝王之禮佛者，亦所在多有，宮廷之中，自亦蒐有佛經。然而，從前的圖書館員，在整理圖書資料之時，在目錄類例裏，從不肯給予佛經一個位置。七錄曾列部居，但視爲外篇。目錄學家們，很多認爲隋書經籍志的部類，不少是沿襲七錄而來，然佛經又列爲附錄。這些雖屬於目錄學上的轉變，所表達的意見，應該是代表圖書館員們蒐求圖籍的態度。他們在蒐集和整理典籍之時，已經這樣訂好了標準，在當時會被認爲是當然的事，否則將成離經叛道。如此做法，產生兩種後遺症：偈限了館藏的範圍，影響了學術的發展。他們這種強烈的主觀認定，應用到圖書資料的徵集工作上，便會把不合他們標準的，摒除在館藏之外，這是相當不合理的。尤其現代的圖書館，以所有社會大衆爲服務對象，讀者的年齡、性別、學識、職業、興趣上的差異，皆足以影響他們在閱讀上的需求。我們圖書館員，在徵集圖書資料的時候，需要考量自己的經費能力，瞭解自己的工作任務，決定購置的範圍與內容的水準，制定各館的採訪政策。可是，假如按照自己的好惡，在學術內容的門類上，定有取捨的標準，則是不可以的。因爲，藏館的內容，在學科上有了偏頗，等於是剝奪了讀者的權利。圖書館的創設，是爲了服務讀者，爲讀者提供所需要的圖書資料。如今爲了我們的採訪政策有偏差，使得讀者得不到圓滿的服務，甚至在求知上遭遇挫折，那是不公平的，更是不合法的。圖書館員要袪除個人在學術上的偏見，這是服務的第一準則。今天，讀者利用圖書館，已是一種權利，不容許因館員的個人因素而受影響的。至於影響學術的發展，更加是可怕的。誠如上文所說，百般的學術，都各有其用，人類的福祉，基礎就建立在學術總和上。學術的發展，是漸進累積的，圖書館保存學術研究的成果，學術也就藉此能進而求新求進。所以，圖書館協助學術發展，原本是天經地義的事。如果圖書館蒐集資料，有所取捨的話，那麼被捨棄的，將來的發展，就會受到影響。就這些學術來說，所受不公平待遇，是不應該的。就文化整體來說，由於偏廢，相輔相成所得的效果，就有折扣了。我國過去的圖書館，在發展的過程之中，十分強烈地去追求達到濟世的目的，而且也能夠在這一方面有相當傑出的表現，促進了這些圖書館的成長，成爲極其顯著的特色，頗具歷史的意義。可是，這也產生了不良的後果。儒家的思想，是中華文化的主流，三千年來始終無法出現新的思潮，能對儒家產生絲毫的動搖，這種唯儒家獨尊的局面，長久保持社會安定，更使得儒家爲衆所尊崇，久而不墜。圖書館對這一方面，是有相當貢獻的。翻閱歷朝諸家目錄，就可以知道，各代所收圖籍，甚至私人書藏，無不以儒家爲中心。儒家思想，得以保存，進而傳揚，深植人心，可謂其來有自。但是，近百年來，經濟發展，交通便捷，改變了國際局勢，長期封閉的中國社會，從此接受了挑戰。久久以來爲我國人心所繫的儒家思想，面對著本質徹底改變的社會型態，所能給大家的信賴程度，也開始發生了動搖。這一情勢，幾乎使得我中華古國無法承受。若非中華民族傳統深厚，民性堅毅，恐怕早就迷失方向，不知所措了。我們不能把這些問題，都歸咎在圖書館身上，認爲資料徵集，過於偏向於儒家，造成思想趨向過度的單純，而不易承受不同文化帶來的壓力。不過，圖書館曾在這些方面產生過助力，則是不容置疑的。爲今之計，我們圖書館員，應該有所警悟，圖書館之所藏，應爲宇宙間所有學術，我們要把人類共同在知識上的發現，都蒐成在圖書館裏，只要有任何一位讀者需要之時，館員便可以滿足他們，提供給他們適當的圖書資料。尤其，知識爆炸，日新月異，人類生活，無不與知識有關，讀者求知，唯圖書館之一途。圖書館蒐集圖書資料，又怎能再像過去那樣，固定在一定的主題之中?!環顧我們的圖書館，目前在資料徵集上，多少恐怕還受有這一觀念的影響，所以館藏的內容，未能與讀者的需要密切結合，讀者不能充份利用圖書館，是否與這一點有關，值得大家深思。如果眞的這樣，就應該認眞檢討，謀求改進，然後我們的圖書館事業，才能展現光明的前途，也眞正達到濟世的目的。

**我國圖書館事業的第三個特點，是囿於學術。**知識的發展，原本有兩個方向：一是縱的專精，一是橫的普及。知識越研究、越專精、越高深，越是少數人的活動。知識的可貴，在透過專精的研究，成為一種高深的學術，再經由應用的過程，造福整個人類。所以，一談到知識的活動，大家便聯想到學術，熱心於學術的發展。政府重視學術研究，撥付大量經費支援，人民推崇學術發展，專家學者享有很高的社會地位。圖書館能協助學術研究，已見前所述。因此，多年以來，圖書館便以此為主要工作目標。我國過去的圖書館如此，現在的圖書館，仍有很明顯的這種走向。我們前面曾經討論過，傳統的圖書館，多由帝王大臣等統治者所經營，蒐藏的內容，以記載修齊治平微言大義的典籍為主，而治平之道，正是一種學術。連整理圖籍所編著的目錄，也充滿了學術特性。加之當時參加圖書館工作的人，又多是飽學之士，從事學術研究的人，圖書館便和學術緊密結合在一起了。圖書館的工作，從圖書的蒐集、整理、到利用，都在不知不覺之中，走上為學術研究而設計的工作方向，把支援學術發展，幾乎視為工作的重心所在。這樣的發展取向，使得圖書館沾染了學術氣質，充實了生命內涵，光輝了活動紀錄，更鼓勵了圖書館員的工作熱誠。再以目前臺灣圖書館事業的發展來說，也是這一特點的最好例證。臺灣光復之初，百廢待興，圖書館事業也甚為落後。三十多年來，政府勵精圖治，經濟起飛，民生改善，圖書館事業也隨之得到振興的契機。興建館舍，廣收館藏，增添設備，訓練人員，以及從國外引進新技術等等，呈現一片蓬勃景象。我們如果仔細分析，便可以覺察一種事實，那便是當前圖書館的發展，是以大學圖書館及專門圖書館的成就最多，也就是所受重視較大。原因很簡單，這兩種圖書館的工

作性質，都與學術的研究與發展有關。大學是學術的重鎭，無論教學與研究，都是學術性工作，非有健全的圖書館不可。專門圖書館呢，也是一樣。像今日的農業發展，根本就是科學研究的成果。以臺灣爲例，地狹人稠，耕地不足，生產欠豐，要不是四十年前農復會大力推展農業研究，品種改良，病蟲害防治，化學肥料的使用，土壤質地改善等等，如何能應付一千九百萬人糧食所需，還有剩餘稻米，可以出口賺取外滙？這些都是學術的成就。這一類的研究機構，必須有一所像樣的圖書館，也屬於理所當然。總之，臺灣發展得較好的圖書館，都與學術有關，是十分明顯的事實。復以公共圖書館而言，本應以普及知識爲其任務，可是他們經營的方針，設計的服務項目，心目中的任務取向，也都隱約可見學術的色彩。他們購置圖書資料，並未考慮服務的對象，應以普及知識爲基本目的，而減少學術性著作，及專供研究之用的「資料型」出版品，反將淺顯易懂，深入淺出的一般讀物，以學術價值不夠，或者非權威性著述的理由，摒棄在採購之外。結果，適合讀者閱讀的，沒有入藏。架上排滿的圖書，卻是讀者不易瞭解，無法閱讀的。他們編製目錄，務求詳盡，也不知道公共圖書館的目錄，乃讀者與圖書資料間的橋樑，是讀者尋求圖書資料的工具，是圖書資料顯示其特性以作爲讀者選擇時的參考。編目規則裏，有很多詳細的規定，是爲學術圖書館而設計的，因爲學術圖書館的讀者，從事研究工作，尋求資料的時候，必須仔細研判，才敢安心利用。換句話說，這些人希望從目錄中所得到的訊息，愈多愈詳細，所作的判斷，錯誤的機會將愈少。因此，學術圖書館的編目，常不厭其煩，越詳細越好。公共圖書館剛好相反，所以只要在目錄中能提供基本的正確資訊，即可達成編目的任務。各圖書館成天爲人力不足發愁，卻把太多的員額耗費在編目工作上，眞是令人不解。說穿了一句話，館長們惟恐編製簡略目錄，顯得學術性不夠。何況，我們傳統的目錄學，對於這一方面也是十分注意的。說到讀者服務，也都有意無意中以學術工作者爲對象。大家熱衷於編專科書目、論文索引，以及一些學術研究的工具資料，忘卻了公共圖書館的讀者，他們所企盼的，是生活性，常識性，社會性，和日常生活結合在一起的知識。圖書館員每愛責怪讀者不進館，恐怕是由於讀者無法從圖書館裏得到他們所需要的。總而言之，過去的圖書館，與學術結有不解之緣，曾使圖書館發揮了不少在學術研究上的功能，形成中國圖書館事業中較爲濃厚的學術特性。往後的圖書館，仍必須繼續在這一方面盡一份力量，是不容懷疑的。然而，現代的圖書館，要在普及知識上，多作一點努力，也是無可推脫的。知識的專精研究，與知識的普及推廣，雖是兩個不同的方向，卻是相輔相成，殊途同歸的。普及有助於專精的發展，而專精則有待於普及的傳佈。就如同體育活動一樣。國家提倡體育，本爲提高國民健康狀況。如希望訓練選手，代表國家參加競賽，爭取榮譽，就必須努力推廣，使大家樂於參加活動，活動的人多了，自然會出現優秀選手。假使不藉着普及去尋求專精，只靠選擇若干條件較優的運動員，刻意加以培植訓練，縱使能夠取勝於一時，基礎也還是脆弱的。知識的發展，也是如此。知識的普及工作，如果做得不夠理想，要想在專精上獲得理想的發展，那是不可能的。只有一般的水準提高，然後學術研究，才能水漲船高，走入巔峯的狀態。反過來說，學術的專精發展，獲致了良好的效果，也就是知識上有很多的新發現，要希望這些新知能夠落實造福人類，就要經過普及傳佈階段，讓大家都能得到基本的瞭解，方可希望進而善加利用，以獲得眞正的利益。一般社會大衆，若是對於新知毫無所悉，要想能夠享受學術所造成的福祉，是沒有機會的。有時候，一知半解的結果，反而會帶來一些災害，可見知識的傳佈普及，對於知識的發展，關係十分密切。圖書館的工作，在知識的專精與普及之間，不能保持適當的平衡運作，當然是欠妥的。特別今日民主思潮盛行，民主政治制度普遍被採行，國力的培養，國勢的增強，已和過去的途徑完全不同，基礎要建立在每一國民身上，知識水準提高，才是惟一有效的方法。不像過去君主時代，一切都依靠在少數統治階級，他們愛護人民，推行仁政，天下便可以太平。現在情勢大異，要靠敎育措施，大幅改善國民素質，才能在競爭劇烈的國際社會中獲得較高地位。臺灣各縣市文化中心的圖書館，面臨的正是這一項任務。可惜，他們卻常徘徊在學術與通俗的十字路口，不能決心作下「痛苦」的抉擇。他們也許心裏都明白，文化建設的對象，是基層的大衆；文化建設的內涵，是生活的層面；文化建設的過程，是點滴的累積。可是，他們卻無法擺脫傳統的包袱，在國人的觀念裏，知識是嚴肅的，神聖的，一般人所難以接觸的學術層次。文化中心圖書館所舉辦的活動，若是力求通俗，則容易受到不夠學術性的諷評，似乎有失文化中心的立場。根據經驗，他們也覺察到，學術性高的活動，一定難以得到社會大衆的熱烈支持與迴響。事實雖然如此，文化中心在籌劃活動的時候，仍然有偏向學術路線的趨勢。此無他，我國傳統的圖書館事業，是有相當濃厚的學術性的，一時之間，觀念上轉換不過來，總認爲從事文化建設，發展圖書館事業，學術氣氛便應該伴隨而來。這一想法絲毫未錯，只是現代的圖書館，除了繼續有協助學術發展的責任以外，也必須肩負起知識普及的任務來。圖書館是所有讀者的圖書館，圖書館要向所有讀者提供服務，從事學術研究，固然極爲重要，可是從事學術工作的人，卻是少部份，而且相當少的一部份，圖書館不能不支援他們，但是更要服務其他的讀者。圖書館的學術傳統，要長久保持與發揚，圖書館傳播知識的社會教育功能，更是新時代的任務，一定要圓滿達成。

**我國圖書館事業的第四個特點，是疏諸羣衆。**從前的圖書館，疏離羣衆，不足爲病，現在的圖書館，不能與羣衆緊密聯繫，必然會在經營上遭遇困境，而無以自拔。何以言之？解釋起來十分簡單。我國圖書館事業，迄今已兩三千年，一直都是帝王及大臣所發動創建，書藏也多在宮廷之內，他們經營圖書館的目的，是在藉典籍之蒐存，以研求修齊治平之道，而且強調其學術性，所以自始以來，卽從未考慮過要傳播知識於民人百姓之間。至於這些圖書館，只要能夠完成上述的任務，滿足這批統治者的需求，卽已扮演了成功的角色。再說，我國長久以來的歷史發展，都是在靜態的農業社會中演進，日常生活，生產技術，所需要的知識，較爲有限，更新的速度，也很遲緩，傳授的管道，則經由家庭，父子相承，若說有新的技術改進，也多從經驗中得來。所以，我國的歷史很久，朝代更迭，爲數不少，社會狀況，改變不多，家庭教育，承先啓後，一貫傳承，歷久不衰。在那個時代裏，所謂學校，應非教育機構，而是考選場所。一般百姓，沒有接受教育的所在，也就是政府並沒有教育人民的設置。民間只有私塾，供作子弟攻讀詩書，所以識字的人，在全民之中，比例極低。不識字的人，當然不可能從圖書資料裏汲取新知，書藏之有無，對他們而言，根本無關緊要。圖書館疏離了這一部份人民，旣無損於圖書館的存在價值，也不影響一般人民的求知需求。近代有些圖書館學家，批評從前的圖書館，未能服務廣大羣衆，是有欠公允的。發展圖書館事業，要考量現實環境，認淸時代任務，是最重要的。以臺灣近四十年爲例，便可以說得很淸楚。證明圖書館決不可以再疏離讀者，無論從圖書館的達成任務，或者圖書館的存在價値來說，都是如此。還可再進一步說明讀者疏離圖書館的原因，讀者不知道如何利用圖書館，不知道爲何要利用圖書館，以及怎樣去開發「讀者市場」，以使圖書館與讀者「兩蒙其利」。回憶光復之初，臺灣還是一個典型的農業社會，雖然在日本統治之下達五十年，但仍保持中國傳統的社會型態，農業的，靜態的，保守的。在那個社會生活的人們，憑着祖先留傳下來的經驗，便可以把生活和生產的問題應付得十分完美。說老實話，他們對於有沒有圖書館，根本無所謂。他們從不會感覺到有甚麼困難，需要到圖書館去尋求解決。記得那時候，臺灣省立臺北圖書館，在臺北市新公園內博物館樓下，只有一間閱覽室，書架環閱覽室四周排列，入館無需辦理任何手續，藏書當然不夠豐富，利用者也不踴躍，很多都是候火車的旅客，在那裏消磨時間，當然那時還沒有升學的靑年入館自修。所以，館裏的閱覽座位不多，可也少見擁擠的現象，實在是很少有人覺得要進圖書館。教授們和學生們有學校的圖書館，研究人員常會進自己研究單位的圖書室，公共圖書館的設置，我們不該說是多餘的，沒有產生多少效用，則是事實。後來臺灣局勢逐漸安定，農業改良，工業奠基，經濟繁榮，社會結構也改變了。生活方式不同，知識的需求加多，圖書館的存在價值於焉提高。現代的人，要講求衞生，增進健康，防治疾病，吸收營養，都需要知識。家庭使用電器，烹調食物，房舍設備，居家生活，也需要知識。農業耕種，施用農藥，防治蟲害，預防病害，以及收割庫藏，無一不需要知識。工業生產，技術進步，品質管制，產品運銷，市場研究，莫不需要知識。參與民主政治，置身法治社會，更需要知識。知識的來源，在學的學生，還可以得之於學校，其他的社會大衆，只有求諸圖書資料，而圖書資料，當然是來自於圖書館。現代圖書館之所以成爲國家不可缺少的社會教育機構，其原因卽在此。換句話說，政府設置圖書館，就是想使其成爲知識供應站，讓人民都可以爲生活、職業、研究、甚至休閑活動所遭遇的問題，在圖書館中能夠獲得知識上的解決，以提供知識爲手段，達到提昇國民素質，改善文化水準，增強國家力量的目的。因爲二十世紀的民主時代，國家的強弱，已不能靠少數領導者的聰明才智來決定，而要視全體國民的知識智慧的總和究竟有多少。綜合以上所說，我們可以瞭解，從圖書館的成立，國家所賦予的任務，或者從讀者個人的立場，需要不斷地吸收新知來說，圖書館不可疏離讀者羣衆，讀者羣衆不可以沒有圖書館，是極爲明顯的。同時，圖書館的存在價值，也就是建立在能夠爲廣大讀者提供完善服務的基礎上，服務越廣泛，效果越良好，大家感覺到對圖書館越需要，圖書館的存在價値自然越高。這才達到設立圖書館的目的。可是，現在卻出現了問題，政府廣設圖書館，讀者利用的情形，卻極不理想。不是圖書館疏離羣衆，而是羣衆不親近圖書館，圖書館和讀者之間，依然存在着無法溝通的間隙，圖書館的功能無法發揮，讀者的需要也未能滿足。我們常常要問：圖書館有心爲讀者服務，讀者卻爲何不來接受服務？讀者明明有求知的需要，他們爲何沒有感覺？爲何沒有覺得圖書館可以滿足他們的需要？這恐怕是受到傳統圖書館疏離羣衆這一特點的影響，大家不能體認和圖書館有建立關係的必要。然而這一問題，圖書館卻必須設法解決，如果不能解決，圖書館事業的前途，將永遠無法呈現光明。檢討這一現象，應該從圖書館和讀者兩方面着手。圖書館方面，自從圖書館學成爲一種專門學術以後，創立圖書館學校，訓練圖書館員，大家都按照圖書館學的理論，去經營各型圖書館。根據圖書徵集的原則，建立完美的館藏。再按分類編目的原理，整理館藏資料。安排讀者服務的項目，希望讀者來利用。這些工作都做好了，讀者爲甚麼不來？圖書館員都說是由於讀者不會利用圖書館，因此推廣利用教育，效果也不理想。我們認爲：還是讀者沒有感覺到需要圖書館的關係。如果讀者自己想到要去圖書館查考資料，使用圖書館的方法，便很容易學會，因爲根本不難。沒有需要，讀者認爲學之無用，推廣利用教育，也是徒勞無功。讀者爲何感覺不到有需要？只有兩個可能，一是圖書館的問題，一是讀者的問題。圖書館這一方面，可能是館藏的資料，服務項目的設計，服務工作的方式，沒有能和讀者的需要配合。讀者所希望得到的資料，讀者常不容易在圖書館得到，便不能建立對圖書館的信任，誤認爲圖書館不能幫助他們甚麼。讀者這一方面呢，對三十年來的社會變遷，沒有實質的瞭解；對應付社會生活的知識，沒有迫切需要的感受；對知識才能眞正解決問題，沒有眞切的體認，當然對於求知，就不那麼熱心。事實上，這種漠視知識的態度，是我們今日社會的最大問題。圖書館正負有這一責任，要誘發讀者的需要，讓讀者知道，今天是一個知識的世界，知識才能幫助我們解決問題，要求知識，便要進圖書館。圖書館替讀者蒐集了完整的資料，資料的內容，是學術研究的成果，是我們亟待求得的知識。圖書館更要加強對讀者的瞭解，瞭解讀者的需要，不可以一直「陶醉」在學術的領域裏。我們的讀者，眞正從事學術工作的，少之又少，大家的需要，多半是生活的，常識的，通俗的問題。只有提供眞正切合實用的知識，幫助大家解決日常困難的圖書館，才是大家心目中的圖書館，才是大家需要的圖書館，才是現代社會中有存在價值的圖書館。反過來說，這才是現代圖書館事業發展的方向，圖書館達成任務、發揮功能的唯一途徑。圖書館員應該認清，眞正的圖書館的服務功能，要在讀者身上才能查驗得出來，享受服務的讀者愈多，功能發揮得越好，將來接受羣衆的支援自然也越大。我國過去的圖書館事業，所處的環境不同，君主政治，生活簡單，社會單純，教育不普及，不識字的人多，只要把少數需要圖書館的人服務好，卽已一切美好了。現在的圖書館，以整個社會羣衆爲工作對象，圖書館不對之盡力爭取，不設法與羣衆的利益結合，不以讀者的需要作爲服務工作的指針，而侈言發展圖書館事業，雖不能說一定將會落空，至少當前的困境，恐怕是無法突破的。因爲疏諸羣衆，是早期圖書館的一個特點，卻是現代圖書館經營上的致命傷。

我們研究中國圖書館事業史，自上古以迄清末，劃分爲八個時段，各就其圖書館的設置，圖籍徵集工作的進行，書藏的特色，目錄的編著，以及他們成功的原因等等，加以分析研討，希望能夠獲得較爲眞切的瞭解，並找出其特點來。這些特點，是促進過去圖書館事業良好發展的支柱。但是，這些特點，對未來圖書館事業的發展來說，因爲情勢的改變，任務有了不同，非但可得的幫助已經不多，甚且會產生一些不良的影響，所以最後也特別詳細表達了一些意見，盼望對往後發展圖書館事業有些許的助益。歷史的研究，探索過去，固然重要，若能鑑往知來，自是私心所企盼的。

【附註】

註一：蘇瑩輝著　從考古學上新發現論圖書館的起源（東海大學圖書館學報第二期）
註二：周禮注疏卷第十七　第二十六至第二十八
註三：漢書卷三十　藝文志第十
註四：後漢書卷七　桓帝本紀
註五：舊唐書卷四十三　志第二十三　職官二
註六：拙著　隋代的圖書館事業
註七：拙著　唐代的圖書館事業

註　八：拙著　宋代的圖書館事業
註　九：拙著　明代的圖書館事業
註　十：拙著　清代的圖書館事業
註十一：嚴文郁　中國圖書館發展史　周駿富　中國圖書館簡史（圖書館學）
註十二：漢書卷三十　藝文志第十

# 書後贅語

我從民國四十五年懵懵懂懂地進入圖書館工作，至今已整整三十年了。這三十年間，前十五年在圖書館工作，後十五年在圖書館學校教書，起初是兼任，後來才改爲專職，現在心裏則十分踏實，把研究圖書館學當爲終生的事業了。

我在圖書館學的領域裏，浸淫了三十年，十分慚愧，一點成就感也沒有。十五年前，我寫過一本關於中學圖書館的書，以介紹學校圖書館的管理技術爲主，但也強調基本的理論與觀念。四年前，我又寫過一本圖書館行政，表達了我在研習圖書館學的歷程裏，進入另外一個階段，認定圖書館的經營，必須透過行政的融和，才能把個別的技術滙集成爲一個整體，這中間涵蘊着很多圖書館員的心力。最近幾年，我又開始有興趣研究中國圖書館事業史，這又代表着一個新的體認。圖書館事業的發展，要具備很多主觀客觀的條件，還要認清傳統的背景，更要把握現實的環境，對準任務，妥擬計劃，按部就班，切實執行，然後才能希望有成。歷史的經驗，不可能直接應用於現代；正如同外人的技術，也不容易模擬移植得成功。所以，無論從歷史中獲得的啓示，或者學習外人的長處，都需要透過心智的昇華作用，才能變爲有用。這一方面，我個人的感受實在很深，而且也常作思考，因此每愛在書中抒發個人的意見，希望能有一些值得參考，也不枉費幾年來研究圖書館事業史所耗費的心力，更是個人私心所繫的研究圖書館事業史的目的。

# 秘書監考

秘書監，在我國歷代的職官裏，不十分顯眼。因爲研究中國政治制度史的學者專家，不大容易發現秘書監的功能，在過去的政治運轉之中，有多少舉足輕重的影響力量。同時，也可能由於現代職官名稱的關係，不自覺地認爲秘書的職位，只不過是一個幕僚、隨從、事務助理而已。其實，過去的秘書監，卻顯然不是這麼回事。尤其從中國圖書館史的觀點，對秘書監加以較深一層的探討，也許會發現一條極爲重要的脈絡。因此，本文想從秘書監的設置、職掌、官秩，以及與歷代藏書的館閣間所存在的關係等各方面，根據史書的記載，證明秘書監正相當於當代的國家圖書館。

秘書監的首先設置，是在東漢桓帝延熹二年，西元一五九年；而被省廢，是在明太祖洪武十三年，西元一三八〇年，歷時一二二二年。

後漢書卷七，桓帝本紀：

「延熹二年八月初置秘書監官。」

三國志蜀志卷十二，郤正傳：

「弱冠能屬文，入為秘書吏，轉為令史，遷郎至令。」

三國志魏志卷十三，王肅傳：

「後肅以常侍領秘書監，兼崇文觀祭酒。」

晉書卷二十四，志第十四，職官：

「秘書監，按漢桓帝延熹三年（誤，從後漢書桓帝本紀，應為二年）置秘書監，後省。魏武為魏王，置秘書令丞。及文帝黃初初置中書令，典尚書奏事，而秘書改令為監。……及晉受命，武帝以秘書幷中書省，其秘書著作之局不廢。惠帝永平中復置秘書監，其屬官有丞、有郎、幷統著作省。」

宋書卷四十，志第三十，百官下：

「秘書監一人，秘書丞一人，秘書郎四人。」

南齊書卷十六，志第八，百官：

「秘書監一人，丞一人，郎、著作佐郎。」

隋書卷二十六，志第二十一，百官上：

「（梁）秘書省置監丞各一人，郎四人，……著作郎一人，佐郎八人。」

隋書卷二十六，志第二十一，百官上：

「（陳）秘書監（中二千石），秘書丞（六百石），……」

魏書卷一一三，志第十九，官氏九：

「秘書令，從第三品上。……秘書丞，第四品下。……秘書郎，從第五品上。……秘書舍人，第七品下。」

隋書卷二十七，志第二十二，百官中：

「（後（北）齊）秘書省監丞各一人，郎中四人，校書郎十二人，正字四人。又領著作郎二人，佐郎八人，校書郎二人。」

隋書卷二十八，志第二十三，百官下：

「秘書省監丞各一人，郎四人，校書郎十二人，正字四人，錄事二人。領著作太史二曹。著作曹置郎二人，佐郎八人，校書郎正字各二人。太史曹置令丞各二人，司曆二人，監候四人，其曆天文漏刻視祲各有博士及生員。」

舊唐書卷四十三，志第二十三，職官二：

「秘書省，秘書監一員，少監二員，丞一員，秘書郎四員，校書郎八人，正字四人，主事一人。令史四人，書令史八人，楷書手八十人，亭長六人，掌固八人。」

新唐書卷四十七，志第三十七，百官志：

「秘書省，監一人，……少監二人，……丞一人，……秘書郎三人，……校書郎十人，…

……正字四人。」

舊五代史卷六十八，唐書第四十四，列傳二十，劉岳傳：

「明宗卽位，歷兵部、吏部侍郎，秘書監，太常卿。」

新五代史卷五十五，雜傳四十三，崔居儉傳：

「宰相馮道卽徙居儉為秘書監。」

新五代史同上卷亦有劉岳徙秘書監之相同記載。

宋史卷一六四，志第一百十七，職官四：

「秘書省，監，少監，丞各一人。其屬有五，……」

遼史卷四十七，志第十七上，百官志三，南面：

「秘書監有秘書郎，秘書郎正字。」

金史卷五十六，志第三十七，百官二：

「秘書監，監一員，少監一員，丞一員，秘書郎二員，校書郎一員。」

元史卷九十，志第四十，百官六：

「秘書監，卿四員，太監二員，監丞三員，典簿一員，令史三人，知印奏差各二人，譯史通事各一人，典書一人，典吏一人。」

明史卷七十三，志第四十九，職官二：

「明初嘗置，……秘書監，……尋皆罷。」

秘書監下注云：

「洪武三年置，除監丞一人，直長二人，尋定設令一人，丞，直長各二人，……十三年併入翰林院典籍。」

「洪武二年置學士承旨，正三品；改學士從三品。增設待制，應奉典籍等官。」

綜觀以上引述，我們能够從正史之中，尋得自漢至明間各個朝代有關秘書監的記載，而且如此地明確與完整，是具有相當可觀的史料價値的。因此，我們也可以作出下面的認定。

關於秘書監的設置，在我國歷代中央官制之中，已經是一種常制。雖名稱偶有變易，有時稱監，有時稱省，甚至亦間或省置，但是這個歷時一千二百多年的秘書監，在整個政府的分工之中，是一個不可缺少的單位，已成爲不容爭辯的事實。就連兵戎不斷的三國和唐末五代，異族入主中原的遼、金、元三朝，也都有秘書監的設置。同時，我們應該瞭解，在君主時代裏，政治制度的演變，雖然也各有傳統中的軌迹可尋，但是君主的個人意願，色彩還是相當濃厚的，增減損益，不勝枚舉，而秘書監能够如此長久維持不變，是値得重視的。所以我們認爲設置秘書監，已經是一種常制，應該是可信的。還有，上文所引用的資料，多是出自正史的職官志，而職官志乃是各朝職官的綜述。如果不是秘書監有其一貫的重要地位，不可能在職官志中列爲顯著的項目，更不可能每一朝代都是如此。至於到了明代洪武年間，被併入翰林院，根據歷史背景分析，也幷非是由於秘書監本身有何問題發生。原因是洪武十三年，明宰相胡惟庸謀反失敗之後，整個制度澈底改革，秘書監也牽連在內。況且，秘書監併入翰林院之後，雖然行政體系上，不若從前有獨立的行政地位，但是原來秘書監的工作，仍舊賡續進行，未嘗中斷。秘書監名亡實存，更證明了它的歷史地位。

秘書監的設置，既已概略如上所述。那麼，秘書監到底何所爲而設置？亦卽是秘書監的職掌如何？恐怕是我們想眞正瞭解秘書監所必須探索的另一個問題。這不僅可以探討我國政治制度的沿革，從研究中國圖書館史的立場來說，更加是意義非凡，能進而尋求出若干建設性的啓示來，對現代圖書館的發展有所助益，也未可知。

晉書卷三十九，列傳第九，荀勗傳：

「俄領秘書監，與中書令張華依劉向別錄，整理記籍。」

「及得汲郡冢中古文竹書，詔勗撰次之，以為中經，列在秘書。」

晉書卷四十四，列傳第十四，鄭默傳：

「默字思元，起家秘書郎，考覈舊文，刪省浮穢。中書令虞松謂曰：『而今而後，朱紫別矣。』」

晉書卷二十四，志第十四，職官：

「（惠帝）元康二年詔曰：『秘書旣典文籍，……』」

晉書卷四十四，列傳第十四，華嶠傳：

「轉秘書監，……南省文章，門下撰集，皆典統之。……會為臺郎，典官制事，由是得徧覽秘籍。」

南齊書卷十六，志第八，百官：

「晉秘書閤有令史，掌衆書，見晉令。令亦置令史，正書及弟子，皆典教書畫。」

南齊書卷二十三，列傳第四，王儉傳：

「解褐秘書郎，太子舍人，超遷秘書丞，上表求校墳籍，依七略撰七志四十卷，上表獻之，表辭甚典。又撰定元徽四部書目。」

南史卷二十二，列傳第十二，王儉傳，與上文同。惟「解褐」上有「年十八」三字。

南史卷五十九，列傳第四十九，任昉傳：

「尋轉御史中丞，秘書監，自齊永元以來，秘閣四部篇卷分雜，昉手自讎校，由是篇目定焉。」

梁書卷十四，列傳第八，任昉傳所述相同。

隋書卷二十六，志第二十一，百官上：

「（梁）秘書監，掌國之典籍圖書。」

隋書卷一，帝紀第一，高祖上：

「開皇三年三月丁巳詔購求遺書於天下。」

是由於牛弘上表請開獻書之路。隋書卷四十九，列傳第十四，牛弘傳：

「開皇初，遷授散騎常侍，秘書監，弘以典籍遺逸，上表請開獻書之路。曰：『……今土宇邁於三王，民黎盛於兩漢，有人有時，正在今日，方當大弘文教，納俗升平，而天下圖書尚有遺逸，非所以仰協聖情，流訓無窮者也。臣史籍是司，寢興懷懼。……今秘藏見書，亦足披覽，但一時載籍，須令大備，不可王府所無，私家乃有。』」

舊唐書卷四十三，志第二十三，職官二：

「秘書監之職，掌邦國經籍圖書之事。」又：「秘書郎掌甲乙丙丁四部之圖籍，謂之四庫。」

宋史卷一百六十四，志第一百一十七，職官四：

「秘書省、監、少監、丞各一人，監掌古今經籍圖書，國史實錄，天文歷數之事。少監為之貳，而丞參領之。其屬有五。著作郎一人，著作佐郎二人，掌修纂日歷。秘書郎二人，掌集賢院、史館、昭文館、秘閣圖籍，以甲乙丙丁為部，各分其類。校書郎四人，正字二人，掌校讎典籍，判正訛謬。各以其職，隸於長貳。惟日歷非常編修官不預。歲於仲夏曝書，則給酒食費。尚書、學士、侍郎、待制，兩省諫官、御史并赴。遇庚優則前期遣中使諭旨，聽以早歸。大典禮則長貳預集，議所以待遇儒臣，非他司比，宴設錫予，率循故事。

宋初置三館，長慶門北謂之西館。太平興國初於昇龍門東北剏立三館書院。三年賜名崇文院，遷西館書貯焉。東廊為集賢書庫，西廊分四部，為史館書庫。大中祥符八年剏外院於右掖門外。天禧初令以三館為額，置檢討校勘等員。檢討以京朝官充，校勘自宋朝幕職至選人，皆得備選。以內侍二人為勾當官，通掌三館圖籍事。孔目官，表奏官，掌舍各一人，又有監書庫內侍一人，兼監秘閣圖籍，孔目官一人。」

元史卷九十，志第四十，百官六：

「秘書監掌歷代圖籍，幷陰陽禁書。」

明史卷七十三，志第四十九，職官二：

「秘書監掌內府書籍。」

根據上列引述資料，可以充份證明，秘書監之職掌，在蒐集與整理全國之古今歷代圖書典籍，是不容許有絲毫懷疑的。在蒐集方面，他們目標遠大，多半是透過政府的力量，全面地進行，所以成效頗爲可觀。在整理方面，更是成就多多，令人敬佩。尤其他們對任務的執行，態度嚴肅而認眞，更使我們不禁有無限的感觸。玆以隋牛弘的表奏爲例：

「經典所興，由來尚矣。爻畫肇於庖羲，文字生於蒼頡，聖人所以弘宣教導，博通古今，揚於王庭，肆於時夏，故堯稱至聖，猶考古道而言，舜其大智，尚觀古人之象。周官外史掌三皇五帝之書，及四方之志。武王問黃帝顓頊之道，太史公曰在丹書。是知握符御曆有國有家者，曷嘗不以詩書而為教，因孔樂而成功也。……今土宇邁於三王，民黎盛於兩漢，有人有時，正在今日。方當大弘文教，納俗升平，而天下圖書，尚有遺逸，非所以仰協聖情，流訓無窮者也。」

我們姑不論此種論調，是否完全符合當前的環境，但是以典藏文獻資料爲任務的圖書館員，能有如此「以天下爲己任」的胸襟，實在難能可貴；證之今日，是值得稱許的。牛弘上表請開獻書之路，知道「士民殷雜，求訪難知，縱有知者，多懷恡惜」，所以「必須勸之以天成，引之以徵利，若猥發明詔，兼開購賞，則異曲必臻，觀閣所積，重道之風，超於前世，不亦善乎？」結果「下詔獻書，賚縑一匹」。這種徵集資料的方式，是頗具心思的。當今國立中央圖書館憑藉出版法的規定，來蒐集全國的資料，成效不太理想，是不是也該設計一套辦法，而不要只怪出版商不守法呢？反觀歷代的書藏甚豐，原來此中是有原因的。關於秘書監整理資料，更是成就非凡。隋書卷三十二經籍志序裏記載極爲詳備。「魏秘書郎鄭默始制中經，秘書監荀勗又因中經，更著新簿。……（東晉）著作郎李充以勗舊簿校之，其見存者但有三千一十四卷。充遂總沒衆篇之名，但以甲乙爲次。……宋元嘉八年秘書監謝靈運造四部目錄，……元徽元年秘書丞王儉又造目錄。……齊永明中，秘書丞王亮，監謝朏又造四部書目。……梁初秘書監任昉躬加部集，又於文德殿內列藏衆書，華林園中總集釋典，……有秘書監任昉，殷鈞四部目錄，又文德殿目錄，其術數之書，更爲一部，奉朝請祖暅撰其名，故梁有五部目錄。……」試觀歷代的秘書監丞，對於圖書典籍的整理，都有很大的貢獻，編製了很多流傳後世的目錄，其中特別值得注意的，是中國目錄學史上的重要時期，便是東漢以來，經魏晉南北朝，而至隋唐，上承七略漢志，孕育出四分法的圖書分類體系，一直影響到今日。圖書分類，編製目錄，基本上便是一種資料整理工作，是資料典藏的依據，是資料利用的橋樑。可是圖書分類的體系，卻也是學術性的問題，秘書監從事資料整理，衍發了目錄學的重大發展，揭示了目錄的學術層面，是一件十分重要的事。現代的圖書館，過份重視目錄的應用價值，忽略了目錄的學術特性，恐怕也是一個值得深思的問題。從前的秘書監，在中國圖書館史上留下如此輝煌的一頁，是殊爲難能可貴的。如果以現代圖書館經營的觀念來說，恐怕只有利用方面，是較弱的一環了。其實也未必盡然，我們回想在當時的社會環境裏，有需要和知識保持密切接觸的，只是極少的一部份人，而且當時的知識，多在尋求治國平天下的道理，日常生活事務，甚至包括農業耕種，都是靠經驗的累積，而非學術的研究。職是之故，秘書監的藏書，眞正需要利用的是那些人，就不言可喻了。所以，藏書多在宮庭，而且，從達成任務的觀點來說，也許并沒有任何不圓滿之處。如果要以現在服務所有社會大衆的標準來衡量，那顯然是不合適的。在正史的記載裏，有很多帝王幸臨館閣，披覽禁書，或者聚集羣臣，共同研議，都證明這些秘書監的典藏，在利用上有相當圓滿的績效。

細讀以上資料，我們本已可以證明：秘書監是東漢以來掌理全國古今圖書典籍的所在，在蒐集、整理和利用上，都運轉得相當順利，有很多的成就。爲了更進一步說明，我們再從官秩方面尋求證明，秘書監是相當受到重視的。

東漢桓帝初置秘書監官之時，依漢官儀，秘書監一人，秩六百石（見後漢書卷七桓帝本紀）。而當時最高官秩，除太傅、太尉、司徒、司空等外，亦不過二千石。

梁武帝天監年間，將官秩定爲十八班，以班多者爲貴，同班者則以居下者爲劣。秘書監爲十一班。秘書丞爲八班。秘書郎爲二班（見隋書卷二十六百官志）。

陳秘書監，中二千石，品第四。秘書丞，六百石，品第五。時尚書令亦不過中二千石（見隋書卷二十六百官志）

魏官分爲九品，秘書令，從第三品上。秘書丞，第四品下。秘書郎，從第五品上。秘書舍人，第七品下（見魏書卷一一三官氏志）。

後（北）齊亦官分九品。秘書監，第三品。秘書丞，第五品。秘書郎，第九品（見隋書卷二十七百官志）。

隋秘書監，正三品。秘書丞，正五品。秘書郎正七品。校書郎，正九品。正字，從九品（見隋書卷二十八百官志）。

唐秘書監，從三品。少監，從四品上。丞，從五品上。秘書郎，從六品上。校書郎，正九品上。正字，正九品下。主事，從九品上（見舊唐書卷四十三職官志）。

宋史卷一百六十八職官志，建隆以後合班之制，秘書監及丞均列班甚高。

元史卷七十三，志第四十九，職官二：

「秘書監，洪武三年置，秩正六品。」

秘書監及其從屬官員，在歷代官秩之中，均列於顯要地位，足見秘書監所受重視之程度，非比尋常。舊唐書職官志所述，更乃最佳明證。

「高祖發迹太原，官名稱位，皆依隋舊，及登極之初，未遑改作，隨時署置，務從省便。武德七年，定令以太尉、司徒、司空為三公。尚書、門下、中書、秘書、殿中、內侍為六省。次御史臺。次太常、光祿、衞尉、宗正、太僕、大理、鴻臚、司農、太府為九寺。次將作監。次國子學。次天策上將府。次左右衞、左右驍衞、左右領軍、左右武侯、左右監門、左右屯、左右領為十四衞府。」

秘書監可以躋於六省之列，官秩常在三品，可謂是相當崇高的地位了，比之今日，恐怕只有瞠乎其後了。秘書監是歷代圖書經籍典藏的所在，便是現在的圖書館，而秘書監又是中央政府的一個單位，自然便是國立圖書館了。但是，秘書監何以是國家圖書館呢？試作說明如下：

舊唐書卷四十三，志第二十三，職官二：

「後漢有東觀，魏有崇文館，宋有玄史二館，南齊有總明館，梁有士林館，北齊有文林館，後周有崇文館，皆著撰文史，鳩聚學徒之所也。」

上述各朝，都各有不同的館閣，從事典籍圖書的蒐藏，但是名稱卻不斷更易，顯然不是常制，而且唐志最後說明，「皆著撰文史，鳩聚學徒之所也。」更證明了他們縱有豐富的收藏，可是主要的任務，則是「著撰文史，鳩聚學徒」，與專門蒐藏經籍的秘書監對比，當然不相同的。換句話說，他們另有任務，蒐藏典籍，也許只是基於工作上的需要而已。我們現代的圖書館，也有不少圖書館，是附屬於機關、學校、工商團體的，固然是圖書館，但是與專設的圖書館之間，究竟有太多的不同。同時，這些館閣的名稱，多半是爲特定的建築物而定名的，不大是政治組織中的固定單位，當然無法與秘書監相提並論。而且這些館閣，常是由秘書監兼領的。只不過館閣都是由各朝君主所設置，又常幸臨，自然受到重視，甚至揚名後世，其實從職掌來說，蒐藏圖書典籍，仍然是秘書監的。如果以唐、宋兩代爲例，當更可以證明秘書監與館閣之間的關係。

一般談到唐代的圖書館，都以弘文館和集賢殿書院較受注目。根據舊唐書卷四十三，志第二十三，職官二，「武德初，置修文館，後改爲弘文館，後避太子諱改曰昭文館，開元七年復爲弘文館，隸門下省。」再看弘文館的員額編制，「學士、學生三十人，校書郎二人，令史二人，楷書手三十人，典書二人，搨書手三人，筆匠三人，熟紙裝潢匠九人，亭長二人，掌固四人。」同時記載，「學士無員數，自武德已來，皆妙簡賢良爲學士，故事五品已上稱學士，六品已下爲直學士，又有文學直館學士，不定員數。館中有四部書及圖籍。自垂拱已後皆宰相兼領，號爲館主，常令給事中一人制館事。」而他們的職掌，「弘文館學士掌詳正圖籍，教授生徒，凡朝廷有制度沿革，禮儀輕重，得參議焉。校書郎掌校理典籍，刊正錯謬，其學生教授考試，如國子學之制焉。」首先，弘文館隸門下省，而門下省職掌「出納帝命，緝熙皇極，總典吏職，贊相禮儀，以和萬邦，以弼庶務，所謂佐天子而統大政者也。」所以弘文殿學士除了「教授生徒」（詳正圖籍，也是爲了教授生徒）外，還要參議朝廷「制度沿革，禮儀輕重」。學士也沒有固定的員數，又由宰相兼領，這些都證明了，弘文館確有經籍圖書，但卻不是以此爲首要任務的。集賢殿書院，是唐玄宗十三年，與學士張說等宴於集仙殿，改名集賢而成立的。舊唐書卷八，玄宗本紀，開元十三年夏四月丁巳，改集仙殿爲集賢殿，改麗正殿書院爲集賢殿書院。且集賢殿隸中書省，員數有「集賢學士、學士知院事一人，副知院事一人，制院一人，押院中使一人，侍講學士，修撰官，校理官，待制官，留院官，檢討官，孔目官一人，專知御書典四人，知書官八人，書直寫御書一百人，搨書六人，書直八人，裝書直十四人，造筆直四人。」從集賢書院的編制，加之隸於中書省，故其職掌是「刊緝古今之經籍，以辯明邦國之大典。凡天下圖書之遺逸，賢才之隱滯，則承旨而徵求焉。其有籌策之可施於時，著述之可行於代者，較其才藝，而考其學術，而申表之。凡承旨撰集文章，校理經籍，月終則進課於內，歲終則考最於外。」才能配合中書職掌「軍國之政令，緝熙帝載，統和天人，入則告之，出則奉之，以厘萬邦，以度百揆」的進行。集賢殿書院之蒐藏經籍圖書，著重於邦國之經治，配合於政事之推展，與秘書監專掌典籍之事，也是不相同的。

宋代的藏書，以崇文院聲名最著。崇文院的建立，續資治通鑑長編卷十九，有一段較爲詳盡的記載：

「建隆初，三館所藏書僅一萬二千餘卷。及平諸國，盡收其圖籍，惟蜀、江南最多。凡得蜀書一萬三千卷，江南書二萬餘卷。又下詔開獻書之路，於是天下書復集三館，篇帙稍備。自梁氏都汴，貞明中始以今右長慶門東北小屋數十間為三館，湫溢纔蔽風雨，周盧徼道，出於其側，衞士騶卒，朝夕喧襍，每諸儒受詔，有所論譔，卽移於他所，始能成之。上初卽位，因臨幸周覽，顧左右曰：『若此之陋，豈可蓄天下圖籍，延四方賢俊耶？』卽詔有司度左升龍門東北舊車輅院，別建三館。命中使督工徒，晨夜兼作，其棟宇之制，皆親所規畫。自經始，至畢功，臨幸者再，輪奐壯麗，甲于內庭。二月丙辰朔，詔賜名為崇文院，西序啓便門，以便臨幸，盡遷舊館之書以實之。院之東廊為昭文書，南廊為集賢書，西廊有四庫，分經史子集四部為史館書。六庫書籍，正副本凡八萬卷，策府之文，煥乎一變矣。」

崇文院雖然名噪一時，但是從上述記載看起來，也幷沒有太多的特殊之處，只不過是另建新舍，將三館圖書集中在一起，分別貯存而已。後世之所以如此推重，恐怕是由於崇文總目的關係，另外就是宋太宗對崇文院的關注，也是歷史上少見的例子。三館都有藏書，原是宋以前各朝早有的事實，而且各有隸屬，職掌不同，現在滙合起來，應該只是宋太宗「興之所至」的一個結果，在制度上幷無任何變異。宋太宗修建崇文院，基本的著眼點，仍在「延四方賢俊」，和爲「諸儒受詔，有所論譔」的時候，安排一處較爲適宜的場所。再說，宋史職官志中，少有關於崇文院的記述，也證明了崇文院幷無定制。還有，宋史卷一百六十四，志第一百一七，職官四，在秘書省下卻明白地記載：「監一人，掌古今經籍圖書，……秘書郎二人，掌集賢院、史館、昭文館、秘閣圖書，以甲乙丙丁爲部，各分其類。校書郎四人，正字二人，掌校讎典籍，判正訛謬，各以其職，隸於長貳。」那麼，崇文院的建立，三館的集中，以及和秘書監（省）的關係，便十分清楚了，秘書監自然也不會因爲有這些館閣藏書，而影響其掌理全國古今經籍的任務的。

蒐存圖書資料的所在，便是今日所說的圖書館。中央政府所設置蒐存圖書資料的場所，都是國立的圖書館，但是，只有專司掌理全國古今圖書典籍的秘書監，才相當今日的國家圖書館，是無可爭論的了。

至於秘書監這一名稱，也是有一番來由的。原來皇帝居住的地方，由於門禁森嚴，不是一般人所可自由出入的，便稱之爲「禁中」，有時也簡稱爲「中」，例如前漢書卷三十六，劉向傳，就有「詔向領校『中』五經秘書」的記載。這個「中」，便是「禁中」。更由於「禁」的關係，就很有「秘」的涵義。所以宮庭的藏書，便稱爲「秘書」了。上文說「詔向領校中五經『秘書』」，便是一例。而宮庭藏書的場所，有時也稱作「秘府」。前漢書卷三十、藝文志，「漢興，改秦之敗，大收篇籍，廣開獻書之路。迄孝武世，書缺簡脫，禮壞樂崩。聖上喟然而稱曰：『朕甚閔焉。』於是建藏書之策，置寫書之官，下及諸子傳說，皆充秘府。」不過，這時典藏經籍圖書，顯然還沒有一定的官職。求遺書於天下的陳農是謁者，校經傳諸子詩賦的劉向是光祿大夫，校兵書的任宏是步兵校尉，校數術的尹咸是太史令，校方技的李柱國是侍醫。除劉向外，陳農等人前漢書中都沒有列傳。但是照前漢書卷十九上，百官公卿表七上，「郎中令，秦官，掌宮殿掖門戶，有丞。武帝太初元年，更名光祿勳。屬官有大夫、郎、謁者，皆秦官。又期門、羽林皆屬焉。大夫掌議論。有太中大夫、中大夫、諫大夫，皆無員，多至數十人。武帝元狩五年，初置諫大夫，秩比八百石。太初元年，更名中大夫爲光祿大夫，秩比二千石。太中大夫秩比千石如故。……謁者掌賓讚受事，員七十八，秩比六百石。」「步兵校尉掌上林苑門屯兵。」太史令屬於奉常，掌宗廟禮儀。侍醫更是宮庭內官。足見當時奉詔典校秘書的，都是臨時的差遣，而非正官。但是禁中蒐藏經籍圖書，已受到相當的重視，則是千眞萬確的。這也爲後來「秘書」的發展，奠定了良好的基礎，更爲東漢設置秘書監官開了先河。所以，秘書監的官職，雖然設置爲時較晚，但是這一段歷史上的淵源，卻可以追溯得很遠的。我們瞭解了這些，自然也可以爲當今的國家圖書館尋找出一條「根」來。

# 漢代主要書藏考

## 一、石渠閣卽博士之藏

三輔黃圖卷六：

石渠閣，蕭何造，其下礱石為渠以為導水，若今御溝，因為閣名。所藏入關所得秦之圖籍，至於成帝，又於此藏秘書焉。

同條下注：

三輔故事曰：「石渠閣，在未央宮殿北，藏秘書之所。」

「三輔黃圖」是記載秦漢宮室苑囿的一部書，計分六卷，由三輔沿革、三輔治所、秦宮、漢宮，以至苑囿、池沼、臺榭、觀、閣等，分章記述，極爲完備。在卷六有關「閣」的部份，計有石渠閣、天祿閣、麒麟閣、未央宮堯閣、白虎閣、屬車閣六者，而以石渠閣爲首，足見其在諸閣之中的地位。根據上述資料，我們可以得到兩點關於石渠閣的瞭解：一是石渠閣在未央宮殿之北，爲蕭何所造；一是石渠閣是用來收藏典籍的，而且最早入藏的，便是漢初蕭何得之於秦丞相御史的那一批律令圖書。因爲石渠閣在未央宮，我們就必須對未央宮作略爲詳細的介紹。根據「漢書」卷一至卷十二帝紀的記載，漢高祖初定天下之時，是居長樂宮的，而長樂宮原本是秦代的興樂宮，漢高祖加以修繕而居之。未央宮才是漢代所修的宮殿，且終西漢一代，都是以未央宮爲皇帝主要的居住之所。此中最有力的證據，那便是西漢的皇帝，高祖崩於長樂宮，武帝崩於五柞宮，其餘惠帝、呂后、文帝、景帝、昭、宣、元、成、哀、平諸帝，均崩於未央宮，卽使武帝崩於五柞宮，仍舊要入殯未央宮，足以證明未央宮是西漢的主要宮殿，而無絲毫疑義。同時，未央宮的營建，還有一段揷曲。漢書卷一下：

高祖七年二月，蕭何治未央宮，立東闕北闕，前殿武庫太倉。上見其壯麗，甚怒，謂何曰：「天下匈匈，勞苦數歲，成敗未可知，是何治宮室過度也？」何曰：「天下方未定，故可因以就宮室。且夫天子以四海為家，非令壯麗，亡以重威，且亡令後世有以加也。」上說。

足見未央宮的營建，是蕭何一手促成的。高祖在位十二年，都是以蕭何爲相，他與建未央宮，還有政治作用，要藉以「重威」，要「亡命後世有以加也」，其必然是相當壯麗的。照三輔黃圖卷二的記載：

未央宮周回二十八里，前殿東西五十丈，深十五丈，高三十五丈。營未央宮，因龍首山以制前殿。

蕭何在漢高祖營建的未央宮中，設石渠閣以典藏他從秦丞相御史所得的律令圖書，是可以理解的。這一部份資料，對西漢建立帝業來說，實在是太重要了。何況是他自己所取得的。漢書卷三十九蕭何傳：

沛公至咸陽，諸將皆爭走金帛財物之府分之，何獨先入收丞相御史律令圖書藏之。沛公具知天下阸塞，戶口多少彊弱處，民所疾苦者，以何得秦圖書也。

蕭何之所以能助高祖得天下，高祖之所以任蕭何爲相，都與蕭何獨具慧眼，捨金帛財物而取律令圖書有關。石渠閣典藏這一些資料，是有其特殊意義的。對於漢代後來廣爲收藏圖書，必然有開導和鼓勵的作用。

石渠閣的建造，以及作爲典藏圖書之處所，既已簡略如上所述。那麼，博士之藏又如何呢？漢書卷三十藝文志序：

漢興改秦之敗，大收篇籍，廣開獻書之路。迄孝武世，書缺簡脫，禮壞樂崩，聖上喟然而稱曰：「朕甚閔焉。」於是建藏書之策，置寫書之官，下及諸子傳說，皆充秘府。

注

如淳曰：「劉歆七略曰：外則有太常、太史、博士之藏，內則有延閣、廣內、秘室之府。」

劉歆是劉向之子，據漢書卷三十六劉向傳，成帝「方精於詩書，觀古文，詔向領校中五經秘書」，劉向死後，哀帝以歆「爲侍中太中大夫，遷騎都尉奉車光祿大夫，貴幸，復領五經，卒父前業。歆乃集六藝羣書，種別爲七略」。劉向父子，兩代相承，負責典校中秘書，那麼當時藏書之所在，自然十分清楚。所以如淳引七略所謂「外則有太常、太史、博士之藏」，博士之有書藏，乃絕無可疑。如此，則太常、太史、博士又是何等的官守呢？漢書卷十九上百官公卿表七上：

奉常，秦官。掌宗廟禮儀。有丞。景帝中六年，更名太常。屬官有太樂、太祝、太宰、太史、太卜、太醫六令丞，又均官、都水兩長丞，又諸廟寢園食官令長丞。又廱太宰、太祝、太祝令丞，五時各一尉。又博士及諸陵縣皆屬焉。景帝中六年，更名太祝為祠祀。武帝太初元年，更曰廟祀。初置太卜。博士，秦官，掌通古今，秩比六百石，員多至數十人。武帝建元五年，初置五經博士。宣帝黃龍元年，稍增員十二人。元帝永光元年，分諸陵邑，屬三輔。王莽改太常曰秩宗。

據此，太常、太史、博士，乃是同一系統的官職，而太史與博士，均爲太常的屬官。博士的任務爲「通古今」，古今相通的憑藉，惟圖書典籍是也。博士自然要有圖書資料的收藏，否則，如何能够通古今？而且，秦代焚書，博士所藏，獨能倖存，是亦博士必有書藏之明證。「史記」卷六秦始皇本紀：

三十四年，丞相李斯曰：「……臣請史官非秦紀皆燒之，非博士官所職，天下敢有藏詩書百家語者，悉詣守尉雜燒之。……」

以上所引，可以證明兩點：秦代博士有書藏；在焚書的詔令中，博士所藏，得免於厄。雖秦始皇也同意博士不能無書。進一步，我們如果再考查一下，博士在當時政治的運作之中，究竟擔當何等角色，便更可說明博士非有書藏不可了。在史記卷六秦始皇本紀裏，共計七次提到博士。第一次是上尊號，稱「臣等謹與博士議」，敍述古者如何稱號，而今應稱皇帝。第二次是秦始皇「浮江，至湘山祠，逢大風，幾不得渡。上問博士曰：『湘君何神？』博士曰：『聞之堯女舜之妻而葬此。』於是始皇大怒，使刑徒三千人，皆伐湘山樹，赭其山。」第三次是始皇置酒咸陽宮，博士七十人前爲壽。第四次是僕射周青臣主張「以諸侯爲郡縣」，博士反對，引起爭議。第五次是始皇「專任獄吏，獄吏得親幸，博士雖七十人，特備員弗用。」第六次是始皇聽說有人在隕石上刻字，「始皇帝死而地分」，乃命博士爲僊眞人詩，傳令樂人歌弦之。最從一次是「始皇夢與海神戰，如人狀，問占夢。博士曰：水神不可見……」博士的職守，由上述可知，乃近乎始皇的顧問，有所疑慮，則請博士獻議。然則博士必須通古今，而從才能有所論斷，通古今的途徑，惟有藉重圖書典籍了。博士的書藏，自古有之，其理甚明。但是，到了漢代，博士的設置，一方面員額增多，另一方面職守也逐漸有了變化。不過，博士仍擁有書藏，卻是相同的。

漢代的第一位博士，應是叔孫通。漢書卷四十三叔孫通傳，記載較詳。叔孫通在秦代之時，卽以「文學徵」，爲待詔博士，後拜爲博士。漢二年，漢王從五諸侯入彭城，叔孫通卽降漢，被拜爲博士，號稷嗣君。後來爲漢訂朝儀，得到漢高祖的欣賞，乃拜通爲奉常，由博士而奉常，是晉陞了。但是，漢初並不重儒，所以叔孫通初降之時，身著儒服，「漢王憎之，迺變其服，服短衣，楚製」（見漢書卷四十三）。另據漢書卷八十八儒林傳：

及高皇帝……然尚有干戈，平定四海，亦未皇庠序之事也。孝惠高后時，公卿皆武力功臣。孝文時，頗登用，然孝文本好刑名之言。及孝景不任儒，竇太后又好黃老術，故諸博士具官待問，未有進者。

可見漢初雖仍設有博士，其地位則未見受到重視，一直到武帝，情勢才爲之一變。據漢書卷六武帝紀：建元五年置五經博士，元朔五年「太常其議予博士弟子，崇鄉黨之化，以厲賢材焉。丞相弘請爲博士置弟子員，學者益廣」。是博士的職守，由通古今，備皇帝諮詢，兼而爲教授弟子，與培育人材了。所以，後漢書卷三十五、百官志第二十五、百官二：

博士祭酒一人，六百石，本僕射，中興轉為祭酒。博士十四人，皆六百石。本注曰：『易四，施孟梁丘京氏。尚書三，歐陽大小夏侯氏。詩三，魯齊韓氏。禮二，大小戴氏。春秋二，公羊嚴顏氏。掌教弟子，國有疑事，掌承問對，本四百石，宣帝增秩。

博士的名額加多，而且分經設置，這都是爲教授弟子而轉變的結果，因爲這與通古今的要求是相違背的。但是他們仍常在一起討論，還有時由皇帝親自主持。漢書卷八宣帝紀：

甘露三年，詔諸儒講五經同異，太子太傅蕭望之等，平奏其議，上親稱制臨決焉。迺立梁丘易，大小夏侯尚書，穀梁春秋博士。

後漢書稱之爲「甘露石渠故事」。後漢書卷三章帝紀：

建初三年，於是下太常將大夫博士議郎郎官及諸生諸儒會白虎觀，講議五經同異。使五官中郎將魏應承制問，侍中淳於恭奏，帝親稱制臨決，如孝宣甘露石渠故事，作白虎議奏。

諸儒博士，各有所長，講議五經異同，常於石渠閣舉行，石渠爲博士之所常居，幾爲定制。漢書卷八十八儒林傳：

詔拜（施）讎為博士，甘露中與五經諸儒雜論同異於石渠閣。

（歐陽）高孫地餘長賓，以太子中庶子授太子，後為博士，論石渠。

林尊，……為博士，論石渠。

（孔）霸為博士，……論於石渠。

張山拊，事小夏侯，建為博士，論石渠。

薛廣德亦事王式，以博士論石渠。

（戴）聖號小戴，以博士論石渠。

綜合以上所引，博士討論五經異同，經常舉行的地點，都是在石渠閣，應該毫無疑問。當然，參加石渠閣講議的，不必全是博士，漢書儒林傳的記載裏，就有「周堪譯官令」，「假倉以謁者」，「申玄城以淮陽中尉」，「韋玄成以淮陽中尉」，「聞人通漢以太子舍人」，都曾參加過石渠的講議，卻不是博士。不過，他們都對經書的研究，有優異的成就，才能夠「論石渠」的。因爲，被選爲博士的，必然精通經書，但是精通經書的，不一定都被選爲博士，也許正擔當其他的官職。所謂「石渠故事」中，宣帝就曾指定當時是太子太傅的蕭望之參加，便是最好的例證。然而，博士鑽研經書，常在石渠討論異同，而石渠又有書藏，是石渠乃博士之藏，其理甚明，其說可信。

博士，職官之名稱；石渠閣，宮室之名稱。以書藏而言，其實一也。惜史籍記載，或稱博士之藏，或稱石渠之藏，所以易於混淆而滋生誤會也。

## 二、蘭臺石室與御史之藏

御史有書藏，自古卽然。周代御史，屬春官。周禮卷十七：

御史，中士八人，下士十有六人，其史百有二十人，府四人，胥四人，徒四十人。

周禮卷二十七：

御史掌邦國都鄙及萬民之治令，以贊冢宰。凡治者受法令焉。掌贊書，凡數從政者。

由此可知，御史所藏，乃全國法令之檔案，內容必然十分複雜，數量也定相當可觀。而且，任何國家爲治於天下，也都一定有這一類的資料，更是需要妥善加以保存的，因爲對國家而言，實在太重要了。漢王入關，蕭何所收的律令圖書，其中一部份，便明明白白地說明是屬於御史的。漢代開國以後，官制多沿襲於秦，御史之藏，便自然建立了。在漢代書藏之中，居於重要的地位，也是順理成章的事。漢書卷十九上百官公卿表：

> 御史大夫，秦官，位上卿，銀印青綬，掌副丞相。有兩丞，秩千石。一曰中丞，在殿中蘭臺，掌圖籍秘書，外督部刺史，內領侍御史員十五人，受公卿奏事，舉劾按章。成帝綏和元年，更名大司空，金印紫綬，祿比丞相。置長史如中丞，官職如故。哀帝建平二年，復為御史大夫。元壽二年，復為大司空，御史中丞更名御史長史。侍御史有繡衣直指，出討姦猾，治大獄，武帝所制，不常置。

御史有書藏，在殿中蘭臺，由屬官中丞掌理，在此說得極爲清楚。並且可以看得出來，和周秦的御史，是一脈相承的。他們典掌了不少律令圖書，但主要的職守，卻不在此，甚至可以說，這些資料正是爲遂行任務而收藏的。可是，到了東漢，卻有了顯著的改變。後漢書卷三十六百官志：

> 御史中丞一人，千石。本注曰：「御史大夫之丞也。舊別監御史在殿中，密舉非法。及御史大夫轉司空，因別留中為御史臺率，後又屬少府。」治書侍御史二人，六百石。本注曰：「掌選明法律者為之，凡天下諸讞疑事，掌以法律當其是非。」侍御史十五人，六百石。本注曰：「掌察舉非法，受公卿郡吏奏事，有違失舉劾之。」凡郊廟之祠，及大朝會大封拜，則二人監威儀，有違失則劾奏。
>
> 蘭臺令史，六百石。本注曰：「掌奏及印工文書。」

兩漢間御史官職有了不同，連帶著蘭臺情形也發生變化。西漢御史大夫，位上卿，掌副丞相。屬官御史中丞掌蘭臺的圖籍秘書，外督部刺史，內領侍御史員十五人受公卿奏事，舉劾按章。成帝時雖職稱改易，但官守未變。故當時的御史，僅次於丞相相國與太尉，甚至位列太常之前。再以所肩負任務來說，在國家體制中，實極重要。爲要執行這些事務，蘭臺的收藏，必須包括全部詔令，能成爲當時主要的書藏，原因也就在此。及至東漢，御史大夫改爲大司空，而不領御史中丞。大司空的地位，和當年御史大夫一樣，相當崇高，可是御史中丞的隸屬有了改變，再沒有過去的狀況了，蘭臺收藏的內容，也有了顯著的不同，這對蘭臺以後的發展，發生了影響，是頗爲具有關鍵性的。後漢書卷三十四百官志：

> 司空，公一人。本注曰：「掌水土事。凡營城起邑，浚溝洫，修墳防之事，則議其利，建其功。凡四方水土功課，歲盡則奏其殿最而行賞罰。凡郊祀之事，掌掃除樂器。大喪則掌將校復土。凡國有大造大疑，諫爭與太尉同。」

司空仍司監察，但以土水工事爲主，位僅次於太傅，而與太尉、司徒相同，可謂相當崇高了。原屬御史大夫的御史中丞，現在改隸少府，少府乃天子之私官，較之御史，就完全不是那麼回事了。而且，御史位列少府屬官之末，其地位就更加不言而喻了。漢書卷十九上百官公卿表：

> 少府，秦官，掌山海池澤之稅，以供扶養。下注：「應劭曰：『名曰禁錢，以供私養，自別為藏。少者小也，故稱少府。』師古曰：『大司農供軍國之用，少府以養天子也。』

後漢書卷三十六百官志：

> 少府，卿一人，中二千石。本注曰：「掌中服御諸物衣服寶貨珍膳之屬。」

少府的屬官有：太醫令、太官令、守宮令、上林苑令、侍中、中常侍、黃門侍郎、小黃門、黃門令、掖庭令、永巷令、祠祀令、鈎盾令、中藏府令、內者令、尚方令、尚書令、尚書僕射、尚書、左右丞、侍郎、符節令、御史中丞及蘭臺令史。其中不少都是由宦者擔任，職務又皆照料皇帝日常生活，是蘭臺屬於少府，官守就和以前完全不相同了。不過，也正由於這個原因，蘭臺的書藏，超越了過去御史之藏的範圍，而不僅限於國家律令詔文的檔案了。因爲是皇帝的私屬，只要他們所喜愛收藏的，便都可以藏之於蘭臺了。漢書卷九十九王莽傳：

> 及前孝哀皇帝建平二年，六月甲子，下詔書，更爲太初元將元年，案其本事，甘忠可夏賀辰讖書臧蘭臺。師古曰：「蘭臺，掌圖籍之所。」

查漢書卷十一哀帝紀，建平二年六月，「待詔夏賀辰等言赤精子之讖，漢家歷運中衰，當再受命，宜改元易號。」這種讖文也藏之於蘭臺，此無他，帝王之所重視者也。不僅如此，據隋書卷三十五，經籍志佛經小序：

> 後漢明帝夜夢金人飛行殿庭，以問於朝，而傅毅以佛對，帝遣郎蔡愔及秦景使天竺求之，得佛經四十二章及釋迦立像，並與沙門攝摩騰、竺法蘭東還，愔之來也，以白馬負經，因立白馬寺於洛城雍門西以處之，其經緘於蘭臺石室。

如此，則蘭臺的收藏，連佛經也包括在內了。總而言之，蘭臺自歸隸少府，書藏的內容，與過去御史之藏，顯有差異，而以皇帝的喜愛與重視的典籍爲目標了。蒐藏範圍旣廣，圖書數量自然增多，便形成了當時重要的書藏，更加是名副其實的「中秘之書」了。按照後漢書百官志，蘭臺令史掌奏及印工文書，如今蘭臺藏書有如此變化，就必須妥善整理，所以王充論衡才說：「蘭臺令史，職校書定字」，蘭臺也成爲校書的處所，後來受命爲蘭臺令史的，也因之以典校秘書爲職守，甚至進而著述史書，班固便是典型的例證，當然是這種演變的結果。

漢代書藏，與蘭臺常連稱的便是石室。石室之有藏書，史籍之中也多次提及。史記卷一百三十太史公自序，「遷爲太史令，紬史記，石室金匱之書」，周道廢，秦撥去古文，焚滅詩書，「明堂石室金匱玉版，圖籍散亂」，兩次述及石室。漢書卷一下高帝紀，「又與功臣剖符作誓，丹書鐵卷，金匱石室，藏之宗廟」。顏師古注：「以金爲匱，以石爲室，重緘封之，保愼之義。」足見所謂石室，乃是漢代皇帝珍藏秘籍的貯存之所。在三輔黃圖一書之中，從未見有以石室爲名的殿閣，恐怕只是屋宇的泛稱，而非指某一特定房舍爲石室，但可以確定的是石室所藏必爲十分珍貴而重要的圖籍秘書。自從蘭臺改隸少府以後，亦是典藏皇室秘書之所，所以蘭臺石室，每相提並論。杜佑通典引漢書百官公卿表，「中丞在殿中蘭臺，掌國籍秘書。」杜佑注：「漢中丞有石室，以藏秘書圖讖之屬，以其居殿中，故曰中丞。」慰堂師認爲石室是蘭臺書藏的一部份（見大陸雜誌第二十七卷八至十期「漢代的圖書館」），是至當之論。石室所藏是秘書中的秘書。與蘭臺之間，未見得是按類別分予收藏，而是以珍視程度加以區分的。漢高祖的符誓，丹書鐵卷，以至後來圖緯讖文，從天竺得來的佛經，都收藏在內。東漢末年，天下大亂，「及董卓遷都關中，（王）允悉收斂蘭臺石室圖書秘緯要者以從，既至長安，皆分別條上……經籍具存，允有力焉。」（見後漢書卷九十六王允傳），也證明蘭臺石室之所藏，是何等重要的資料。又後漢書卷九十一黃瓊傳：

瓊上疏順帝曰：「閒者以來，卦位錯謬，寒燠相干，蒙氣數興，日闇月散，原之天意，殆不虛然。陛下宜開石室，按河洛，外命史官，悉條上永建以前，至漢初災異，與永建以後，訖於今日，孰為多少？

國家疊遭災異，無以紓解，勸皇帝「開石室，按河洛」，以制治道，石室所藏，不言可喻了。

蘭臺書藏，最初爲帝王詔諭之檔案，以作監御百官之依據，改隸少府以後，與石室同爲典存秘籍之所，兩漢諸帝，均尚文治，東漢尤重緯讖，蘭臺石室之藏，雖漸與原御史之藏不同，但反而增加了收藏的範圍與數量，成爲漢代主要的書藏，就研究中國圖書史的立場而言，是相當值得注意的。

## 三、秘書監與東觀之藏

關於東漢的書藏，史籍的記載，都肯定地說在東觀，東觀也因之被認爲是東漢的主要書藏所在。漢室東遷以後，另行興建宮殿，藏書的場所，自然不再是西漢石渠、天祿、麒麟等閣了，東觀於焉產生。加之東漢皇帝尤爲重視藝文，曾幸東觀，諸儒受命典校秘書於東觀者，亦有多見，更加使得東觀的地位受人注目。通典說：「後漢圖書在東觀。」唐書卷四十三職官二弘文館下注：「後漢有東觀。」後漢書卷五安帝紀：

永初四年二月，詔謁者劉珍及五經博士，校定東觀五經，諸子傳記，百家術藝，整齊脫誤，是正文字。下注：「洛陽宮殿名曰南宮有東觀。」

漢光武中興，始居南宮。光武帝「建武元年冬十月癸丑，車駕入洛陽，幸南宮卻非殿，遂定都焉」，是東漢早期的宮殿便是南宮。光武帝中元二年二月戊戌也是駕崩在南宮前殿的。後來到明帝永平三年，才「起北宮及諸官府」，七年冬十月，「北宮成」。南北兩宮，相去七里，其間作大屋複道，三道行，天子從中道，從官夾左右，十步一衞。殤帝崩，「皇太后御崇政殿，百官皆吉服，羣臣陪位，引拜（安）帝爲長安侯」。崇德殿在南宮，足見北宮修成之後，南宮仍舊使用。南宮裏的東觀，始終是東漢藏書的所在，後漢書卷四和帝紀：

永元十三年春正月丁丑，帝幸東觀，覽書林，閱篇籍，博選術藝之士，以充其官。

後漢書卷五安帝紀，詔使諸儒校定經史百家之書，已見於上文。同書卷一百九儒林傳，也有「孝和亦數幸東觀，覽閱書林」的記載。後漢書卷一百十文苑傳：

永初中（劉）珍為謁者僕射，鄧太后詔使與校書劉騊駼、馬融及五經博士，校定東觀五經，諸子傳記，百家藝術。

後漢書卷八十九張衡傳：

永初中，謁者僕射劉珍，校書郎劉騊駼等著作東觀，撰集漢記，因定漢家禮儀，上言請衡參論其事，會並卒，而衡常歎息欲終成之。及為侍中，上書請得專事東觀，收檢遺文，畢力補綴。

後漢書卷九十馬融傳：

永初四年，拜為校書郎，詣東觀典校秘書。

同上書卷九十蔡邕傳：

建寧三年，召拜郎中，校書東觀。

蔡邕校書，已是靈帝年間的事了，與永初校書，時間上相隔近六十年，但仍在東觀。後來熹平四年，「乃與五官中郎將堂谿典，光祿大夫楊賜，諫議大夫馬日磾，議郎張馴、韓說，太史令單颺等，奏求正定六經文字，靈帝許之。邕乃自書冊於碑，使工鐫刻，立於太學門外。」這便是有名的熹平石經，未始不是因東觀校書所引發而成的。最值得玩味的是蔡倫以宦者的身份，也曾經參加監典校書，後漢書卷一百八宦者蔡倫傳：

元初四年，帝以經傳之文，多不正定，乃選通儒謁者劉珍，及博士良史，詣東觀各讎校漢家注，令倫監典其事。

根據以上所述，我們可以得到幾點結論：東觀藏書頗受當時皇帝的重視，東觀藏書無所不包，東觀藏書對後代發生很大影響，參加典校藏書的，網羅了各種官職的人員。歷史上的皇帝，重視典籍秘書，希望能够藉着圖書的蒐藏，進一步加以研究，而得以尋求出治國的道理的，大有人在。但是肯親臨書藏的所在，勤加披覽的，則頗不多見。東漢皇帝卻屢見不鮮，不僅令人敬佩，亦且對當時書藏的發展，產生極大的鼓舞作用。以我國古代圖書館史的觀點來說，能不說是一件大事！也難怪東觀能成爲東漢最主要的書藏。再說，東觀的蒐藏範圍，較之以前，顯然擴大了很多。周秦以來，最重要的典籍，當然是五經，東觀加以收藏，本不足道。現在還加上「諸子傳記，百家藝術」，眞是令人欣佩，尤其是諸子百家，兩漢之際，未能受到適當的重視，而東觀也能列在收藏範圍之內，是十分不簡單的。這些書籍，雖然一直都在流傳，甚至宮庭之中，也有留存，不過如今卻集中收存於東觀，我們依據對過去所得到的瞭解，敢斷言是前所未有的事。何況還要委派人員從事校正，更是值得大書特書。這種所有典籍集中蒐藏整理的措施，較之西漢分散於各處臺閣，是可取得多了。這也許正是桓帝設置秘書監，專職典掌圖書秘籍的先河，我們所說的國家圖書館，未知是否就是在此奠基。東觀校書，固晚於西漢的劉向父子，可是發生了特有的積極性作用，對經籍的流傳，文化的發展，都有很大的影響。後漢書卷九十蔡邕傳，有「邕以經籍去聖久遠，文字多謬，俗儒穿鑿，疑誤後學」的記載，再進而「奏求正定六經文字」。等到石經「立於太學門外，於是後儒晚學，咸取正焉」。「其觀視及摹寫者，車乘日千餘兩，塡塞街陌」。這種經文統一的工作，對後代經學研究，文化發展的影響，可謂大矣，或非劉向父子所可比擬。至於東漢之受委任參與校書者，則包括了各種不同官守的人，恐怕是由於東觀僅爲書藏所在建築的名稱，而不是官制的一部份，所以東觀未見於後漢書的百官志，既無定官，更無定員，都是臨時派任的，惟一的條件，當然是必須精通典籍的。和帝幸東觀之時，要「博選術藝之士，以充其官」，便是這個道理。像張衡爲侍中，本屬少府，後漢書卷三十六說，侍中「掌侍左右，贊導衆事，顧問應對。法駕出，則多識者一人參乘，餘皆騎，在乘輿車後。」蔡倫是宦者，後爲太僕，亦受命「監典其事」。這都是東觀無官無員的證明。但也唯其如此，東觀校書，可以「博選術藝之士」，「選通儒」，參與其事。而且，也只有如此，才有足夠的人才，「校定五經，諸子傳記，百家藝術」。東觀之所以爲大家所矚目的東觀，原因也都在此了。只是東觀的書藏，如此豐富，而缺少固定的官員來掌理，總非久遠之計。考察我國古代的圖書館，從廣義來說，雖然多所設置，比如周代的五史，大史小史掌六典、八法、八則和邦國之志，內史掌八枋，外史掌書外令及三皇五帝之書，御史掌贊書（以上據周禮卷十七）。各依職之所司，典藏有關圖籍資料，似乎尚無全國性的圖書館。及至西漢，亦復如此，藏書的處所頗多，以官職而論，有太常、太史、博士及御史之藏，以藏書處所而言，則有石渠、天祿、麒麟諸閣，及蘭臺石室，還有延閣廣內等處。但是始終沒有全國性的專職單位，這當然影響到整體的發展。劉氏東遷，終於有了突破的發展，將書藏集中於東觀，而成爲蘭臺以外的主要書藏。情勢既已形成，官制於焉產生，那便是桓帝延熹二年，初置秘書監（見後漢書卷七桓帝紀）。漢官儀曰：「秘書監一人，秩六百石。」六百石，與太常所屬的太史令、博士祭酒、太祝令、太宰令等官相同，縱不算太高，可也不低了。後漢書卷三十五百官志，在「博士祭酒」條下注：「本紀：桓帝延熹二年，置秘書監。」秘書監的設置，繫於本條之下，是頗具意義的。顯然地，秘書監爲掌理全國典籍而設，而博士諸儒，校書東觀，那麼秘書監典掌的，自然便是東觀的書藏了。誠然，東漢藏書滙集於東觀，尤其經過了和帝、安帝的銳意經營以後，使東觀書更具規模，只有校正文字的博士諸儒，自然不夠，安帝元初四年，命宦者太僕蔡倫監典其事，也非久遠之計，桓帝延熹二年之設秘書監，是可以理解的。這一設置，垂之久遠，使我國有專職典掌全國圖籍的圖書館，一直傳之今日（請參閱拙著「秘書監考」見中國圖書館學會會報第三十四期）。漢書集解本條引惠棟曰：「後漢藏秘書，有東觀、蘭臺，此或東觀之監也。」誠哉斯言，其必有所本。可惜後漢書有關秘書監的記載實在太少，一時找不出來更多和更好的證據，但是蛛絲馬跡，已有脈絡可尋了。因爲東漢主要的書藏，只有東觀和蘭臺，而蘭臺屬御史中丞，隸少府，有蘭臺令史典掌，並未因設秘書監而省置，其各有所掌，殆無可疑。通典：「後漢圖書在東觀，桓帝延熹二年始置秘書監一人，掌典圖書，古今文字，考合同異，屬太常。」就說得更明白了。與蘭臺完全是兩個不同的官制系統，是不可混爲一談的。秘書監掌典東觀之藏，更無可疑了。

兩漢書藏，爲數頗多；但最主要者則爲石渠，蘭臺與東觀。玆特試爲考證如上。